丰都洪门拳第一代宗师朱道人
(1872—1958)

武当流通门武功创派祖师余卜
(1915—1970)

武当流通门一代宗师况永林

(1917−2015)

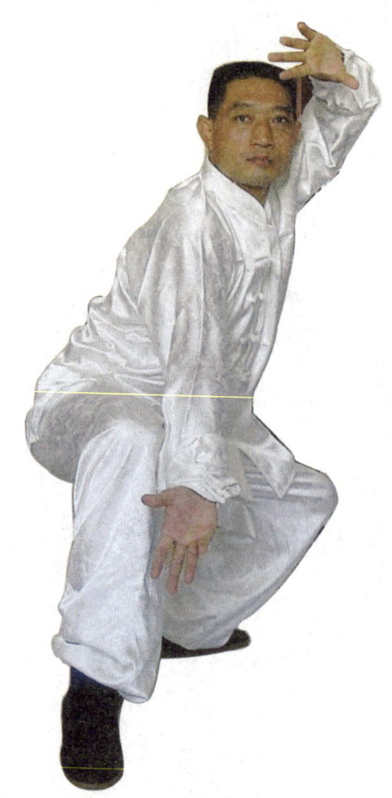

凌召拳姿(白虎坐洞)

流通门创派祖师余卜使用过的练功器具“星辰礅”

凌召与恩师合影(2002 年)

证书照片

凌召与早年的部分弟子合影近照(2019 年正月初二)

武当流通门武功阐秘

图书在版编目（CIP）数据

武当流通门武功阐秘 / 凌召编著. — 武汉：湖北科学技术出版社，2017.11（2025.2 重印）

ISBN 978-7-5352-9740-2

Ⅰ. ①武… Ⅱ. ①凌… Ⅲ. ①套路（武术）– 研究 – 中国 Ⅳ. ① G852.019

中国版本图书馆 CIP 数据核字（2017）第 257713 号

责任编辑：谭学军　　装帧设计：曾雅明

出版发行：湖北科学技术出版社　　电话：027-87679468
地　　址：武汉市雄楚大街 268 号（湖北出版文化城 B 座 13–14 层）　　邮编：430070
网址：http://www.hbstp.com.cn

印　　刷：长沙鸿发印务实业有限公司　　邮编：410100

700 × 1000　1/16　15 印张　2 插页　240 千字
2020 年 6 月第 1 版　　2025 年 2 月第 2 次印刷

定价：49.00 元

目　录

流通门根源录

武当流通门，源起于丰都余卜，余卜在开门师尊武当洪门朱道人所传功夫的基础上，结合了内家化门、松溪、四通捶等创出功技一体的武功练习方法，技法全由功法演化而出；其技击强调快猛准狠，发力刚猛；善用“五峰六肘之力”，“七拳交替”。

追溯流通门源流，当从《内家流通札记》的主人余卜说起。

余卜，字朝炳，于清末民初年间生长在长江边上号称“鬼国京都”的“酆都”县城一家开棺材铺的人家。那时候的长江每年都要发一次洪水，从上游冲下来的尸体都会在县城附近的一处回水沱滞留，城防部（就与现在的民政局相似的政府部门）就得将这些尸体打捞掩埋，掩埋尸体需要棺材呀，于是城防部就派人到余卜家的店铺抬走二三十口棺材。这本来是生意上的好事，可不知这城防部是年年赊账，只抬棺材不给钱！余卜的父亲余海山到城防部去要账，每次都是被一阵连哄带吓就给打发回来。如此持续十几年，余海山憋了一肚子的委屈无处诉说。有一天看到虎头虎脑的儿子在院中玩耍翻跟斗，突发奇想，要是儿子能练成一个武林高手，还有谁敢来欺负？

十四岁的余卜就这样被父亲送到名山上拜东狱殿朱道人为师，学习武当洪门武功（洪门，后被纳入峨眉八大门，也称为峨眉洪门）。（注：朱道人原籍湖北，清末入住丰都青牛道观，民初道观焚于火，后寄居于名山东岳殿。）

一年后，余海山又花巨资，相继聘请了四川、湖北、山东等地的六位武师（注：六位武师的姓名不详，实为憾事。）到家中，传授余卜峨眉化门、字门，南派洪拳、武当松溪、太乙，北派鸳鸯腿（含内家四通捶）等武功。

六年时光弹指一挥间，余卜尽得七位师父的武功绝技后，单身游历南五省（即广西、广东、福建、湖南、湖北）三年方归。其间所访武师数十人，对南方各派武技均了如指掌，于归途过湖北武当山时遇一道门隐真点化，将一身武功融会贯通，独创一门，以易筋经为纲，运动四肢，呼吸吐纳，气血流通畅达而体健劲雄，故以“流通”名之，功系内家，归宗武当。

回到家乡丰都，投其门下者趋之若鹜，袍哥中的仁、义、礼、信几家堂口的人，以及当时国民党的丰都县县政府要员、商界名流、江湖人士等三教九流，均对他刮目相看。在众多社会名流的支助下，创建“强身社”，以孙中山先生的“强国、强民、强种”为主导，传授武功于强身社中兄弟。

况靖安膝下无一男半女，单身一人过日子！一直寻觅着能够承传《内家流通札记》的人，虽然在几年中收了不少的徒弟，但都是将武术作为业余爱好锻炼一下身体的。其中有几位确实功夫练得很好，但在文字方面不能尽善尽美！直到1990年，才发现跟在他身边多年的关门弟子凌召，不但痴迷研究武学，尊师重道，而且通医擅画。于是才将他通过回忆记录下来的《内家流通札记》传给了凌召。

凌召得到的《内家流通札记》只是一册用工作笔记本写的，都是一些口诀形式的歌诀，而且方言俚语较多。为了完成余卜祖师的遗愿，凌召在恩师况老的协助下，重新整理原《内家流通札记》的内容。

不管怎样，经过师徒两人十几年的辛勤耕耘，内家流通门武学以一家之言，公开亮出了自己的观点，对还是错？一半对还是一半错？他本身也许不会对质疑和批驳之言去进行什么论争，就像两千多年前的老子一样，写下《道德经》后，不管时人和后人如何去评说，他都一言不发地沉默着，因为他知道，时间能够证明一切。

第一章 流通义疏

自古武道皆惊天，多少功家达此境。
唯有流通真秘术，功技演道妙如神。
莫言真宗多浩渺，余注纸墨飞云烟。
九州环宇寻至真，今把秘诀说与君。

中华武学，在经过千百年来的分宗立派中，虽然修炼之法各异，但其实质有共同之处。任何拳种无不是以强身健体为首要，次则自卫抗暴，再则身心相合直至了悟人生、通透宇宙哲理为止境。但很多拳道仅停留在强身健体，或自卫抗暴这一肤浅层次上，虽能取得一定的技击能力，但是肌肉、骨骼、内脏却受到严重的损害，中年以后，诸病反而侵体，与练武强身之要旨相悖，实乃憾事矣。有的拳道虽有一定强身健体的功用，但没有十年八年的苦修，是很难达到上乘境界的，现实社会不允许我们有宽裕的时间，静心修炼，这也是一些习武者浅尝辄止的一个重要原因。世上事物是不断改进创造，精益求精的。武学的发展过程，也与我国之文学的改进创造，异同梗概，都是从实际生活与劳动中不断改进创造出来的。文字先由象形逐渐演化而至今天的篆、隶、楷、行、草等。而武学之形成，亦由原始社会自然的环境中，人们为了生存，与猛兽搏斗时，仿效飞禽走兽之形，逐渐演变而成为今天世人所称的龙、虎、豹、蛇、鹤、狮、象、马、猴、彪等十大象形拳。门户派别之广，真是浩如云海，知其一，不知其二，穷其一生之精力，也不可能练遍千功万法，获窥全豹。

就武学中内功的修炼而论，有的人苦练数年，乃至数十年，收效甚微。有的人苦练一生也仅得武功之皮毛。这是什么原因呢？关键就在于忽略了武功修炼的真谛是在内劲上下功夫。仅仅学得一招半式，或一般的套路架子是得不到武学之真功夫的。因此，要学真功，既要刻苦磨炼，又要得其真诀。

正所谓：

武学内功须真诀，功夫无息道无边。
不得明师亲指点，枉费工夫花时间。

武学是中华民族优秀传统文化的精华和瑰宝，其中蕴含着浓厚的文化哲理，并不是一般认识上的拼打格杀，要步入武学的圣殿，必须寻找到登堂入室的阶梯；否则，只能是班门弄斧，而一事（势）无成矣！

为了帮助广大武术爱好者加深对武学的理解，探讨武学的奥秘，达到武学的高层境界，今特将《内家流通札记》献出供修正。因为，这是武学大道的共性和根本的东西，有所谓“得其一而万事毕矣！”

【歌诀】

中华武学博精深，南北宗派数万千。
融贯汇聚化流通，万法归一旷古今。
功技涵容十二劲，千拳万路气为先。
化武演道于一体，内外诸派皆罕见。
祖师劲法传至今，世人鲜有窥其真。
莫怪师尊多保守，只怨自己无机缘。
武学虽然博精邃，明师指点有心人。
阐明道理揆用意，树茂枝圆根必深。

在各大武术流派中，功是功，技是技，拳是拳，都是有规则地分成系列性的；而流通武学就不同了，它是功法与技击含在一起的，就是说功与技是流通贯串的；功力越深，技法就越高，这是其他任何门派都没有的。而且，在功法中，并没有刻意要什么意守。发力击人是随机而发，抗击时也无须专门的运气抵抗，只要练习有素时，全身劲气是时时刻刻流通贯串，无处不到，无坚不摧；一动拳脚则劲气奔涌，四肢百骸流通。

养生必当先养形。凡是有疾病产生的地方那就是该处的元气已经不能再畅通运化，所以，流通门的功法就是建立在中医治疗学“痛则不通，通则不痛”的原理之上的，结合于五脏六腑，筋（经）脉气血皆以通为用。整套练法纯发自自然，动中有静，静中有动，动静相兼，以内动带外动，以外动促内动。使人体内外相合，阴阳相照，以运动来产生、发挥能量。练十二大劲促使真气流通全身，贯通周身关窍，疏各经络，以调节体内的阴阳和合及内五行的协调，再不断地产生真气。屈伸开合可以起到舒经活络的作用。其动是以外生内,其静是以内带外;内外互补,阴阳和合,达到健康长寿之目的。

"通"是内家流通劲功养生祛病的基本法则,整套功法的理论都是围绕着"通"字而出发的。因为人体生病无不以"气血凝滞,营气不从,经络阻塞"有着密切的关系。气血是人体生命活动的基本物质,而之所以能维持人的旺盛生机,其关键在于是否流畅。经脉是人体脏腑与体表相互连接和气血运行的通道,不宜有丝毫之阻遏;其气血是否流畅又与经络的通畅与否有着直接的关系。导致经络不通,气血不畅的原因是各种致病的毒邪(包括六淫邪毒,外来伤害等因素),人体受这些邪毒侵袭之后,首先是机体的营卫功能失调。营行脉中,卫行脉外,营卫失调则气血运行障碍;随着邪毒的不断侵袭积聚,这种现象则不断加重,由运行障碍而渐成气血凝滞之象。气血之凝滞,使毒邪更易于积聚,而毒邪积聚反过来加重气血之凝滞,如此恶性循环,血脉阻滞必致经络阻塞不通。内则影响脏腑失和,局部聚而成毒,毒邪壅遏(包括各种致病因素的毒邪和病理产物的毒邪),或阻于肌肤,或留滞于筋骨,或内结于脏腑,而出现病变部位不同时期肿、痛、痒、脓、麻木、皮损等主要症状。

《医学薪传》云:"通之之法,各有不同。调气以和血,调血以和气,通也;上逆者使之下行,中结者使之旁达,亦通也;虚者助之使通,塞者温之使通,无非通之之法也。"《素问·热病论篇》云:"五脏之道,皆出于经隧,以行血气,血气不和,百病乃变化而生。""五脏不通,则死矣。"

心主血脉,必须以心气的充沛和脉道的通利为基本条件。心气充沛,脉道通利,血液才能在脉中环流不息,营养全身。如心气不足,其用不及;或寒凝热结,致脉道不利,势必血流不畅,甚至淤滞,而出现面色晦暗,唇舌青紫,心前区憋闷刺痛等病理现象。治宜以补为通,以通为补。

肺主气,主宣发肃降。肺气必须升降有序,通畅舒展,才能通调水道,温养皮毛。一旦外邪侵袭,肺气闭郁,伸张不利,则为胸满喘咳;肃降不利则水道失却通调,为肿为饮。痰饮壅滞,气血受阻,淤血因生,痰淤相合,势同狼狈,致肺气壅塞更甚,久咳久喘不已。宜肃降肺气以通调水道,豁痰化淤以通利肺络。

脾主运化,为后天之本,位居中焦,通上达下,不仅是气机升降的枢纽,而且是水液代谢的中流砥柱。脾气健运,则津液和调,化生水谷以"洒陈六腑而气至,和调五脏而血生"。如脾失健运,制水无权,脾不能为胃行其津液,"水谷津液不行，即停聚为痰饮”。(《医门法律·论脾胃》)。痰饮形成，“随气升降，无处不达”，百病由生。

肝为刚脏，主疏泄，喜条达，在志为怒，肝气条达，则气机通畅，助脾运化水谷精微，洒陈六腑，和调五脏。辅佐心肺治节一身之气血。若情志不遂，痰郁不伸致肝气郁结，胸胁痞闷，腹胀便溏。郁久可致血淤水结、痞块，症积接踵而至。治宜解郁活血以通畅气机。

肾主水液、藏精。肾中精气充沛则精归有宅，水可温化，气化津液，分清泌浊，维持全身水液代谢。若肾中精气不足，蒸腾气化失司，则关门不利，水液代谢发生障碍，而发生痰饮、水肿、小便不利等病理现象。治宜导其水邪，通其郁闭。

在各种中医典籍中有通泄、通腑、通里、通阳、通脉、通闭、通经、宣通、温通等不同含义的记载。《医学真传》指出：“夫通则不痛，理也。但通之之法，各有不同，调气以和血，通也；调血以和气，通也；下逆者使之上行，中结者使之旁达，亦通也；虚者助之使通，寒者温之使通，无非通之之法也。若必以下为通，则妄矣。”

在中医治疗中的“通”法如此之多，而内家流通门功法又是怎样去运用“通”法的呢？

内家流通门功法，主要是运用特殊的“呼吸法”和“四肢动作”配合，以达到人体经络、脏腑疏通，真气流遍全身，贯通周身关窍，进而“意动气动，气动身动，一动百动，手脚齐动”，人体百脉，四肢百骸，筋脉肌肉，五脏六腑，五官七窍，气血运化，津液输布等得到正常的调节保护，以至百病不侵，健康而长寿。

内家流通门功法的呼吸法是练功中的一种主要手段。它是与动作密切相配合的，在根据人体素质选定练功的呼吸程度后，还必须随时注意调整，让呼吸与机体动作的条件相适应。只知利用呼吸，不知针对动作的客观情况调整呼吸，是达不到预期效果的。动作幅度和运动量越大，其呼吸就越深、越猛；动作轻柔，而呼吸就缓和，当然，具体情况要顺其自然。

呼吸是机体与外界环境间进行不断的气体交换的过程。机体的任何组织，为了维持其生命的活动，都必须进行呼吸的过程。机体从外界摄入的营养物质经过氧化之后，才能放出组织活动所必需的能量。这种氧化过程一旦停止，机体就不能继续生存下去。组织内的这种氧化过程在生理上叫作组织呼吸。必须不断地供给氧气，应不断地将氧化过程中所产生的二氧化碳逸散出去，组织呼吸过程才可以进行。血液与外界间进行气体交换，亦即从血液中排出二氧化碳，同时有大量的氧气进入血液，血液在呼吸器官获得氧气后，将其运给机体组织产生的二氧化碳运到呼吸器官去，排出体外。上述呼吸过程的完成，是由支配呼吸肌运动的脊髓神经元及延髓的存在，而延髓的细胞又是经常受到大脑高级部位的影响来完成的。

十二大劲锻炼呼吸是练好流通门功夫的重要环节，通过锻炼，改胸式呼吸为腹式呼吸，有意识呼吸为自发丹田呼吸，充分发挥呼吸肌的最大作用，达到祛病延年的目的。养生家认为调整呼吸对腹腔器官可以起按摩作用。这种机械作用使腹腔内的压力发生高低交替的变化，促进腹腔的血液的流动，对于减少腹腔器官的淤血协助腹主动脉输送血液到身体末梢部分，同时又帮助腹主静脉血液返回心脏，减轻心脏负担。它又能加强消化作用和营养物质的吸收。更重要的是锻炼呼吸对整个神经系统各中枢之间的相互作用，尤其是中枢神经与自主神经间相互作用。呼吸运动是在呼吸中枢支配下的呼吸肌运动，练功时的呼吸运动是皮层意识控制下的活动，等到锻炼纯熟以后，这时候不用意识控制，更形成了一种自发的丹田呼吸，达到柔和、均匀、自然细长、舒适得力。

从十二大劲的练习方法和功理、功法的诸多特点上，对于人体的各大系统（按解剖学而定）有着非常明显的良性影响。

首先，十二大劲的练习，对下肢运动量有很大的作用。并且，每一次深吸气继喷气（呼气），都能震荡全身筋脉骨骼。俗话说："人老先从腿上老。"人一旦下肢出了问题，或许是一种衰老的现象。如果发现你的腿没有劲了，说明你的生命力衰退。所以下肢运动对于一些疾病的预防，显得特别重要。所以，十二大劲的下盘桩运动，以及喷气时的鼓荡（特别是丹田部）、腰胯运动，对运动系统肯定有好处。

其次，上身中正，强调脊椎骨对拉的作用。脊柱是人体整个躯体的支柱，是人的中枢所在。中医讲的督脉、阳经，以及西医讲的中枢神经系统都是通过脊柱和脊柱的两侧伸展到全身的各个部位。脊柱的健康影响全身各系统的功能；十二大劲练习时要求身法中正，从会阴穴到百会穴，这整个脊柱要尽量正、尽量直，又因经常提肛缩阳，丹田鼓荡，对脊柱、腰椎锻炼相当大，胸背有开有合，胸椎也不会有问题，种种的锻炼作用对整个运动系统就有良好的调节。不会发生腰椎间盘突出症，颈椎、腰椎骨质增生，以及弓腰驼背之弊。

再者，练十二大劲使腿部肌肉发达，以及胸腹部形成一个肌肉整体，并使皮肤增紧增嫩，达到美容美肤的效用。还有，每一势都要求足十趾抓地扣紧，据相关资料，大趾、二趾、三趾的运动对人体健康大有作用，二趾、三趾的活动有利健胃，大趾活动量加大有利于改善性功能。

十二大劲的练习，最具特别的就是呼吸，每一势要用深、匀、细、长的吸，以爆发性地喷出为呼。其呼吸方式全部是腹式呼吸为主，是以小腹收缩与膨胀交替运动的一种呼吸方式。这种呼吸方式本来是先天的，胎儿在母腹中，是依靠脐带从母体血液中吸收氧气和营养液，其呼吸方式为胎息，婴儿出生后到能走路以前，仍以腹式呼吸为主，当小孩下地走路，以胸式呼吸为主了。

胸式呼吸时肺活量小，肺组织利用率低，即肺叶的中下部分的肺泡组织活动变小，长期处于旷置状态，这不仅使人的氧气吸入量减少，还使这部分肺组织因长期少用而易退化、纤维化，成为细菌聚集之地。

腹式呼吸时，横膈肌上下活动范围加大，胸腔容积得到最大范围的扩展和回缩，同时腹腔脏器也得到充分的运动。一般胸式呼吸一次约为5秒吸入空气约500毫升，而腹式呼吸10~15秒一次，吸入1000~1500毫升。所以，腹式呼吸可最大限度利用肺泡组织，充分进行气体交换，还有利于肺组织健康。腹式呼吸时，胸腔容积扩大，使心脏得到充分扩张，有利于心肌的供血及供氧，还能使腹腔脏器得到自我按摩，胃肠的吸收功能加强；同时大肠蠕动增加，还可以促进机体废物及肠内毒素的排除。腹式呼吸，实质上就形成了一种丹田运动，十二大劲中的腹式呼吸是逆腹式呼吸，即吸气时小腹收缩，呼气（喷气）时小腹鼓荡、膨胀，这就更有利于增大肺活量，对呼吸系统的调节起着了很大的良性作用。

对于消化系统的调节作用就更明显了。因为在练十二劲时，运动量相对的比较大，吸气喷气对丹田的震荡力相当强，肠蠕动增加，胃肠的吸收功能加大，加强了输入，经过练习后胃口好，肯定就吃得多。改善吸收功能，通过丹田鼓荡，自我按摩，可以增强肠胃毛细血管的血液循环，增强了排泄功能。由于对腰腹部的运动，即包括了腰椎、小腹、腹肌、小肠、会阴等骨盆里的这个区域的运动。不易发生便秘、痔疮以及肥胖诸症，对于胃肠疾病有保健作用。

十二大劲的练习相当讲究松活弹抖，这种震荡力量肯定对微循环有好处。

人的每一次的喷气，都能促使心脏、血管等循环系统得到相应的震荡、膨胀，以利于血流量的通畅；胸腰的开合、旋转，手脚的顺逆变化动作，肯定对舒筋活络有好处，对疏通气血有好处，尤其是对人体微循环有好处。

一般的拳种功法，都要求入静，强调用意，以一念带万念，往往坐上半小时还没有真正入静，而十二大劲就不同了，只要开势动作，便会全身心地投入，真正达到动中求静，真正的脑子入静。这就是所谓的“劳形凝神以健脑”。对于神经系统的调节作用有相当大的好处。

经过十二大劲与洗髓经（起床功）的锻炼，正所谓“孤阴不生，独阳不长”。动功与静功结合修炼，可以相辅相成，取得较大的成功。以一静一动的阴阳平衡；对神经系统的脊神经、脑神经、高级神经的条件反射，视觉器官、听觉器官等都有非常明显的良性影响。

内家流通门功法还有一种独特之处，就是不守而守，不练而练。从头至尾都不曾要求意守丹田，注意丹田；可是在每一势的练习时，喷气之际都促使着丹田鼓荡，使其自动按摩腹部脏腑，刺激肠胃蠕动，通畅内脉，增强消化系统的吸收和排泄功能，对消化系统、泌尿生殖系统的许多慢性疾病，有明显的防治效果。由于不断地吸气、喷气，使归聚丹田的阴阳二气不断鼓荡运转，进而带动肢体开合伸屈协调运动，达到保健强身的效果。

人体的泌尿系统、内分泌系统、生殖系统基本上都在丹田区域，也就是骨盆之内这一区域。所谓“炼精化气”的鼎炉，就是强调丹田即肚脐以下小腹的运动。十二大劲对这一部分运动相当突出，加强这个部位的锻炼，能取得许多鲜为人知的好处。一是收缩，二是放松，再收缩，再放松，快收缩，快放松，慢收缩，慢放松，这样交替反复运动。锻炼这一块，影响着中医所讲的肾脏系统（内肾、外肾），对于人的内分泌，特别是性腺的内分泌大有好处。同时，这种锻炼又称为“不为人知的运动”而锻炼了小腹部分的整块肌肉，裆部的收缩、放松、鼓荡，对尿失禁、前列腺炎、性生活缺陷、肥胖、阳痿、早泄等有很好的保健作用，并有助于性功能的改善。

综上所述，十二大劲在调节五脏、六腑、十二经络、奇经八脉、气血等祛病延年方面，有独到的作用，而且不需长年累月地苦练，一般情况只需一年的练习即可，这一点是其他门派拳种功法所无法比拟的。

内家流通门功法是养生与技击并重的，在整套十二势中，是养生、内劲、拳法技击兼练，可以说是对技击的裨益最大。因为在练习劲功时可以使体内的阴阳和合，产生和聚积真气能量。在技击实践中可以发挥出巨大的威力。技击中所需强大的内劲，可以由各个动势中来产生。真气的能量，动可一触即发，快如闪电，行如江河，滔滔不绝，攻无不克。守可将对方之力化解于无形无相之中，可以逸待劳，以不变应万变，层出不穷。

内家流通武学在技击上首先注重内劲的修炼，在十二大劲的练习中，动作的一起一落，一蓄一发，蓄的动作是能量的积蓄，而发的动作则是能量的发挥。在演练时，蓄与发总是协调进行，其劲储蓄于内。而在实践之时，则动如迅雷，掩耳不及，其发劲犹如山崩地裂，欲躲不能，欲化不及，欲挡则不可。

为什么内家流通武学的功法不称气功、内功、外功等，而称作“劲”呢？

拳经有云：“不能运用者为力，流通四肢者为劲。”力是人生来身体内固有的本能，在身体内部蕴藏着，不能在身体外部发挥作用的叫向心力；力量通过身体和手的动作，到外部发挥作用称之离心力，也叫劲，“力”偏重于静态负荷，“劲”则偏重于动态发挥。在武林中，习惯于把沉钝强大的力量叫力，把爆发剧烈的力量叫劲，把一个人的实力叫力，把由实力转化成有效攻击的力叫劲，力一般指实力、本力、承载力，劲一般指功力、爆发力、杀伤力。

力犹如铁，劲犹如钢。力不练则不成劲，铁不炼则不成钢。列子云：“炼钢赤刃，用之切玉如切泥焉。”故古有削铁如泥之利剑，而无切玉之铁刀。为什么？因为钢经过冶炼，而铁未经过冶炼。俗话说：“拳打力不开，力打劲不开。”此云只掌握方法而无劲，则不能匹敌。而掌握方法又有劲，则任彼力大如牛，亦无从施展。故劲可以尅力，而力不能尅劲。肌肉收缩，全身血管膨胀，血液循环加快，用之过当，且可致伤。而劲则不然，一戟指一按掌，刹那间即可中伤敌人，无须牵动全部肌肉，所以劲优于力。

内家流通劲功的每一势都是在练着不同的“劲”，为今后的技击服务。在练出了劲之后，必须经过长期的体验，领悟技击时发劲的劲力性质。而发劲方式是有许多差异的。如惊弹劲、收缩劲、穿透劲、震荡劲、膨胀劲、螺旋劲、杠杆劲、直击劲等。但是从发劲距离上看则分长劲与短劲两种。

长劲的特点是运动距离长，因此动作的末速度大，杀伤力更强，但是也带来动作之间的间隙时间长，发劲后不易掌握平衡，易被对手打反击的缺点。因此技击实战中不宜多发长劲，否则就会出现把握不住战机，经常失去平衡，打不出多变组合，体力消耗快的局面。但是，由于长劲的杀伤力更强，因此当对手被打乱阵脚，或已被虚招迷惑，此时发出威猛一击很重要。与发短劲相比，长劲的发劲技巧同样是丰富的，或以步催力，或以腰髋发力，或利用倾斜，旋身都可以加强击打的力度。此外，倘若身型步法非常灵活，发出长劲后能自如带动身体的飘忽，重心的稳固，若达此境界，发不发短劲又不必执着，但达此境界要花费的时间，工夫可能更多。

内家流通劲功以呼吸见长，技击以静制动，纯发于自然之势，故多用短手。所以，在技击时的劲力上多用短劲。

短劲的发劲距离短，因此节约体力，而为了获得击打效果，它必须以身体打人，发出整体的震撞力，用上一触即发的弹抖劲。所以其发劲冷脆，快捷且变向莫测，极易把握战机，对方也不易防范。会不会发短劲可以观其打沙袋，凡打出沙袋而不能打震沙袋者，大约均不得发短劲的要领。短劲练习重要的是练身体的松、紧、鼓荡，以及与四肢的协调，其中注意发劲时力不出尖，弹性击打，这是练发短劲不可不明的要则；同时注意到“劲宜曲蓄而有余”。“曲蓄”，指的是“一身备五弓”，而无处不是“弓”，静时要曲，动中也要曲。“曲”是指外形，而不是指拳击时动作所运行的方向，“蓄”是内涵，是由“曲”而产生的。由于“曲”是练拳和技击全过程都必须做到的；所以，“蓄”也是在练功和技击的全过程，它不是指技击中的“一发即收”或“少发即收”，而且这种“曲”有助于气沉丹田，使丹田气壮，既有蓄力的概念，也有蓄气的概念。这种“曲蓄”贯穿着练功和技击的全过程。

通过十二大劲的练习，特殊的呼吸和动作，使肌体产生出一股强大的劲力从身体的某一部位向外爆发出来而产生极大的冲击力，或者承受巨大的压力，以及忍耐住尖锐，重击物体的冲击。在有抗击打力和强大的打击力基础上，用于技击时，便是熟径驾车，自然发挥了。

内家流通武学在技击中不拘泥于招法拳势，其手法灵活运用。十二大劲的每一势练习动作，都是一种技击招式，并且还能变化无穷，随心所欲，达到自然而然，根本不存在固定和拘泥于某招某式之中，即“练到骨节通灵处，周身龙虎任纵横”的“惊厥”境界。师尊授艺时，乃以“以音弘法，以形鉴真”的法则来验证弟子的功夫进境，凭借听弟子平时的呼吸，及练功时喷气之音是否顺调、干脆、爆发，全身骨关节的活动声响，拳指所发劲气之声，走路举步的轻重等，进行纠正教导，即以音弘法也。观看弟子练十二大劲至纯熟借六合靠之辅助所演化出的技击动作来指导其动作之规范，此即“以形鉴真”是也。例如：在练第一势“划手劲”之纯熟上功后，能否在用于技击时很自然的发挥出挑、斫、拦、切的手法；挑即上挑敌之手，斫即顺势斫下，拦即将敌之手与物拦开（此为横手），切即乘机直切而下（亦格手）。迨到精熟时，则应变自如，全凭己意，所谓不期挑而自挑，不必拦而自拦。此中妙境，名家巨手自能知之。有经验后，在遇敌时，自然是出手当如飘风迅雷，使其闻声而倒，岂有手迹可寻。所谓是打来勿许见，见时不足算也。

技击时强调手脚灵活，以柔克刚，借力使力，以巧打人。击法有封、点、弹、震四种，动作小、变化大，善用“五峰六肘之力”，“七拳交替”；攻防时多以滚压缠旋。划圈绕弧，螺旋之劲，顺势前钻，触体发力，抖弹震钻，借力反击；致命打法有点穴、断骨。

内家流通武学技击最大特点是后发制人，彼不动，我不动，虽有强大之劲力，仍多从边门而入，也就是绕圆手法，闪其势来懈其力，击其根节，用截、顺、闪、进、脱之法，因势而取，“沾粘连随，引进落空”，“封闭擒拿，撬搕斩舵”；一手打六，两手一十二，交叠翻出，随闪截诈；出手硬如铁，软如绵也。

总之，这里讲论的道理，不是某一个人发明的，而是大自然的启示，但修炼者必须积累功德，本真心性不改，遇到魔境不退缩，受到诽谤不休工，不管处境再艰难，总要存心于道。否则，三天打鱼两天晒网，立志不坚，懒下功夫，私心不尽，莫说上天不允许传授秘诀，就是师尊轻率地传授给真法，也由于你们心性上还存在有污垢，知法而用不了法。因功法中许多隐奥及变化是没法形诸笔墨的，只有通过练才能在功中印证。但对功法的理解、悟性，决定了层次的高低及功夫的进境。往往理解到什么程度，功就能上升到什么程度。大家现在所听说的，从一定意义上讲，也是秘诀。

第二章 洗髓经

“洗髓经”是儒释道三家修炼之精华结晶，是益智健脑，开发潜能，使人获取大智慧的至尊秘法，是人类生命再造工程达到至善至美的法卷。

为什么要以“洗髓”来命名呢？因为“洗髓”二字内含着很深奥而又相当全面的内容，它本身意义的涵盖面是相当的精确，是其他任何词语都无法替代，也不可能替代的。

“洗”字的用义，其内含有广义和狭义两面，但其广义狭义又是不可分割的。此字乃取自于《周易·系辞》“圣人以道洗心，使后天人心消灭到找不到的地方”。这种“洗，”则为“修炼”和“修养”讲，这是哲学及伦理境界，是广义的“性功”方面的用义。而用在狭义命功方面时，这个“洗”则作为充足、补养、保养、修复之意来讲了。

“髓”字的第一用义是指人的思维、心性。通常说的思想、意识和意念。因为，脑为髓之海，脑乃思之官也，人体的一切思维都出自大脑神经。这个“髓”则属“性功”的范畴，“洗髓”二字合起来就可作为“修炼心性”或“修养心神”来解释了。这也就是道家的修真养性、佛家的明心见性、儒家的尽心知性。

人类为什么要去“修炼心性”呢？

人是社会之成员，不可能不接触社会，不产生思虑。维持正常生活正常工作的思维是必要的，而为了贪求额外之名利而产生机巧之贪欲，七情六欲、酒色财气的冲击污染，则会使思维活动重重激荡，七情六欲纷扰不息，从而导致人体场的失调而产生疾病，危及寿命。

人只要活着，不论躲到哪，烦恼也是避免不了的，人类大部分疾病的根本原因都无非是由阴阳失调所产生的，也就是人体各部细胞占有“元气”的失调所导致的变态反应。所以，善于修养者，每天都抽一定的时间去清洗自己的心神，使之保持一段时间的虚静中和态，这样整个人体就得到了一次调整，精神有寄托，达到“心无其心，身无其身”之时，亦是极大的舒适和乐趣，也是对身体、精神最大的补益，身心舒畅，就能排除烦恼，豁达处世，以至老而不衰，能有所为，行动自如，神思清晰，既不病苦，又不累人，活到人类应有的天年，这样不论对社会、对家庭，不增负担，就受尊敬，自然生活美满，身家幸福；最后能无病而终，乐享天年。

“髓”字的另一用义则是指实际性的脑和脊髓。脑为神之府。《灵枢·经脉篇》说：“人始生，先成精，精成而脑髓生。”精生髓，髓会于颅腔内形成脑，故脑又称为髓海，是人体四海之一。即脑为髓海；冲脉为血海；膻中为气海；胃为水谷之海。四海均由髓海统一指挥上下贯通，互相协调，保持体内机构调节正常，保证生命活动的恒久。此属“命功”范畴，这时的“洗髓”二字则可解释为“充足和保养精髓”。

人体一切器官和组织，都是在大脑中枢神经系统的领导和指挥下发挥其功能，并保持完整性。如果神经中枢功能受到损害或紊乱（缺乏营养），便会造成疾病；因为许多病症主要的发生原因，均归结于神经系统的失调，也就是交感神经和副交感神经间失掉平衡，兴奋与抑制两种作用失去调和，所以疾病就发生了。调整这种神经紊乱现象，只有通过“洗髓”的方式，吐纳运气，锻炼阳精化为真元气体（即内丹）后，沿尾闾逆行于髓管之中，上达于脑，滋资中枢神经（补充足够的营养），调整大脑细胞，恢复脑细胞活力，提高其细胞的工作能力，使兴奋过度现象受到抑制，调节其平衡，恢复各种神经的联系，使脊髓中枢神经的反射作用增强，各神经末梢也连带振奋起来。全身各细胞组织得到滋养，使退化衰老的神经细胞焕发青春，而白发返黑，齿落更生，达到返老还童之境；从而超越一般人的大智慧，以及寿命的极限境界。

【总诀】

流通洗髓经，修炼精气神。
旋丹九十一，遍体揉摩匀。
叩齿三十六，搅海漱吞津。
闭气手搓热，擦面梳头兴。
雷鸣天鼓响，摩腰肾俞边。
左右抓挽手，操行数十遍。

低头攀足后，下床慢慢行。

再练十二劲，日久功自深。

一、揉腹

1.每日清晨（酉时）醒后，仰卧于床上，右掌心按住丹田部，左掌心贴于右掌背上，双掌同时运力用顺时针方向揉旋91圈；然后，逆时针方向揉旋91圈，呼吸自然。（图2–1）

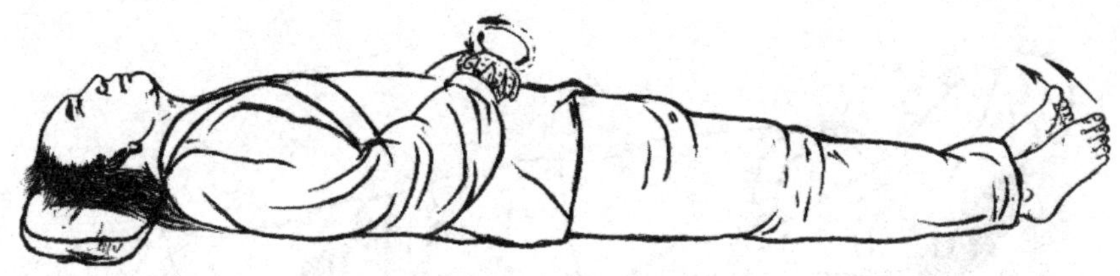

图 2–1

2.双掌按住小腹不变，然后，将面部抬起，目视双脚尖；同时，两脚掌用力勾，脚跟前蹬，腿膝关节伸直。（图2–2）

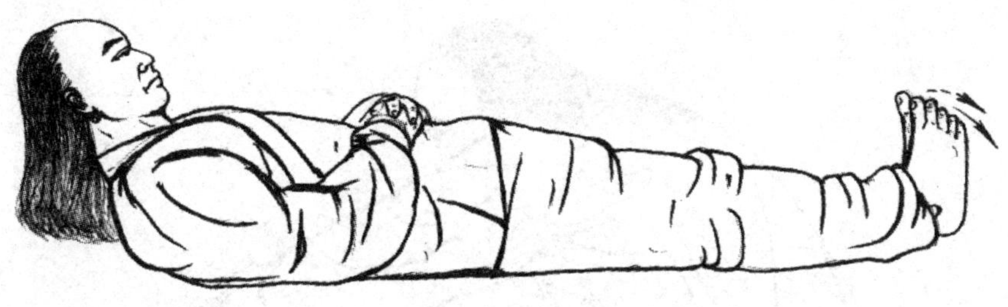

图 2–2

3.接着，全身动作不变，两脚掌背缓缓绷直。（图2–3）

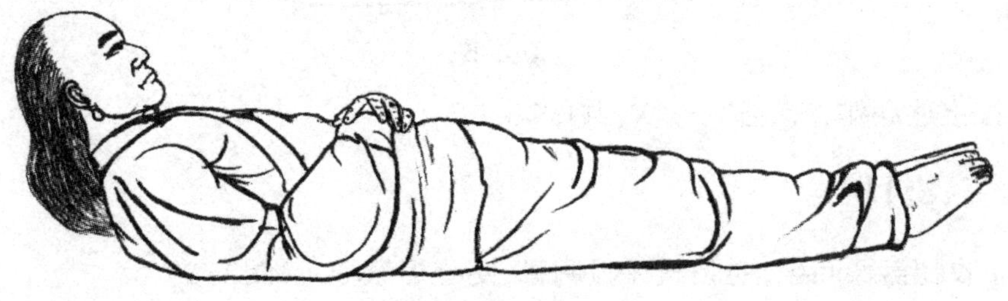

图 2–3

脚掌的一勾一伸，共做12次。

《千金要方·道林养性》中曰："摩腹数上百遍，则食易消，大益人，令人能饮食，无百病。"同理，关节受摩而出淤气风湿，胸腹摩而利五脏矣！

二、仰卧起坐

1.身体平躺仰卧，双掌十指交叉，屈臂举于头顶。（图2–4）

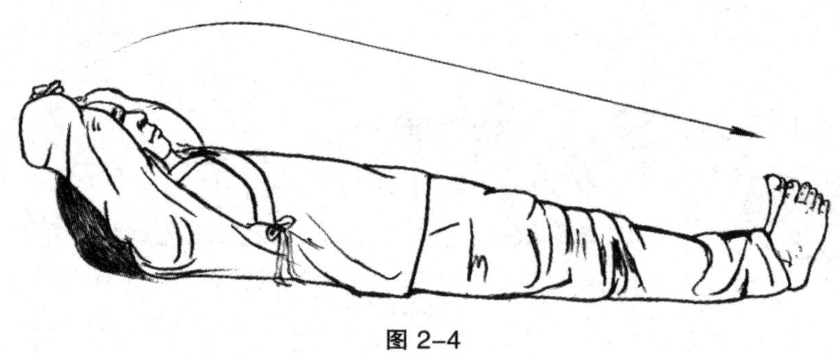

图 2–4

2.双腿伸直不动，脚尖勾紧，上体坐起；同时，双掌伸臂推向两脚尖。（图2–5）

图 2–5

按上述动作，起、卧为一次，共做36次。

三、熨目

1.收腿盘膝而坐，逆腹式呼吸调息，使心平气静。（图2–6）

2.两掌心相贴，相互摩擦使两手掌发热。（图2–7）

图 2-6

图 2-7

3.将发烫的双掌心按于双目之上，凉后再搓热敷目，反复3次。（图2-8）

图 2-8

图 2-9

四、干洗脸

1.接上势，再将双掌相互搓热，两掌从嘴角沿鼻翼旁上推至额头。（图2-9、图2-10）

2.接着，两掌自额向外分至太阳穴，向下过耳门，直至下颌。（图2-11）

上述动作为一遍，掌上推时吸气，下移时呼气，反复干洗脸36遍。

图 2-10

图 2-11

五、明目

1.双手成剑指，用食、中二指指腹按贴于鼻翼两旁，一上一下搓擦鼻梁两侧，上至睛明穴，下至鼻翼，反复36次。（图2-12）

2.两手中指指腹按住睛明穴，揉36次。（图2-13）

图 2-12

图 2-13

3.双手成剑指，用双指腹按住两侧目外眦，揉36次。（图2-14）

4.用双手食、中、无名三指指腹，按住双眉棱，揉36次。（图2-15）

5.用两手拇指分按两侧太阳穴旋转揉动10次，再向相反方向揉动10次；然后，以食指屈曲，用食指第二节内侧棱贴住攒竹穴刮至丝竹空（眉棱部）；继而

图 2–14

图 2–15

以食指第一节内侧棱贴住睛明穴沿下眼眶刮至童子髎（下眼眶）。此为一遍，反复36遍。（图2–16～图2–20）

图 2–16

图 2–17

图 2–18

图 2–19

图 2-20

图 2-21

6.两掌鱼际按住双眼，然后向两侧分至太阳穴。（图2-21、图2-22）

图 2-22

明代高濂《遵生八笺》之三《延年却病笺》中载有点穴按摩练眼法，其一曰《明耳目诀》：“《真诰》曰：‘求道要先令目明耳聪，为事主也。且耳目是寻真之梯级，综灵之门户，得失系之，而立存之辨也。’今抄经相示，可施。运用之道：日常以手按两眉后小穴，三九过，又以手心及指摩两目颧上，以手旋耳，行三十过，唯令数无时节也。毕，辄以手逆乘额，三九过，从眉心始，以入发际中，仍须咽液，多少无数。如此常行，耳目清明，二年可夜书。眉后小穴，为上元六合之府，化生眼晖，和莹精光，长映彻瞳，保炼目神，是真人坐起之上道也。”其二曰《捏目四眦》：“《太上三关经》云：‘常以手按目，近鼻之两眦，闭气为之，气通即止。终而复始，常行之，眼能洞见。’又云：‘导引毕，以手按目四眦，三九遍，捏令见光明。’是检眼神之道。久为之，得见灵通也。捏毕，即用两手侧立，摩掌如火，开目熨睛数遍。”其三曰《对脩常居》：“《内景经》云：‘常以两手按眉后小穴中二九，一年，可夜作细书。亦可于中密行之，勿语其状。眉后小穴为上元六合之府，主化生眼晕，和莹精光，长珠彻瞳，保炼月精，是真人坐起之道。'紫微夫人曰:'仰和天真,俯按山源,天真是两眉之角,山源是鼻下人中也。两眉之角,是彻视之津梁;鼻下人中,是引灵之上房'。"

六、干梳头

1.盘坐,两手十指屈曲,以指尖为力点,从前额发际向上梳至百会穴部位,成两手指背相贴。(图2-23、图2-24)

图 2-23

图 2-24

2.两手指肚贴着后脑部的督脉下摩至哑门穴时,两手左右分摩,经风池穴至耳根部。(图2-25 ~ 图2-27)

上述动作为一遍,反复梳头36遍。

图 2-25

图 2-26

图 2-27

七、鸣天鼓

1.两掌心(劳宫穴)按在耳心(耳孔)上。(图2-28)

2.再以第二指叠在中指上,用力放下第二指,使两指交错弹力,重弹在后脑上,两耳中有如击鼓的"咚咚"之声。两手同时进行弹打,共36次。(图2-29、图2-30)

然后,两掌同时一按一松,进行吸出耳孔中之尘垢,共36次。

鸣天鼓可给大脑以良性刺激,能调节中枢神经,对解除头痛、防治耳聋耳鸣有很好的作用。

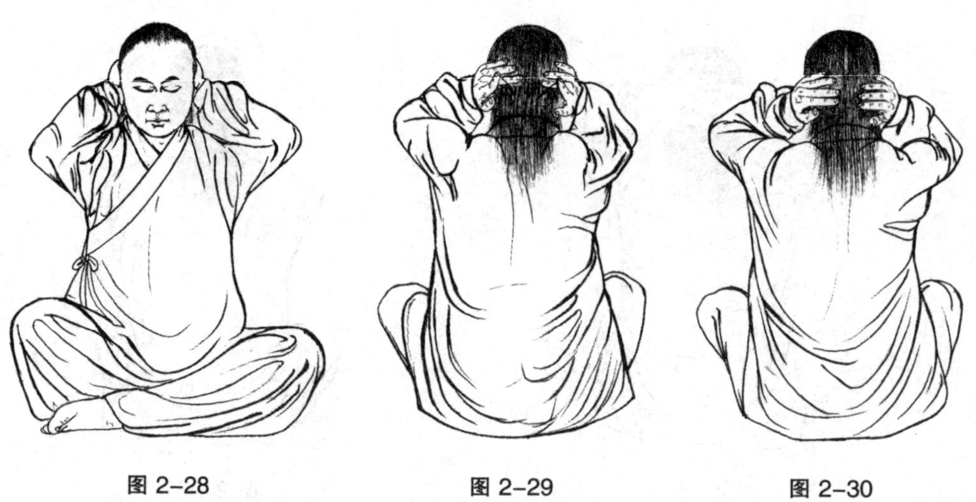

图 2-28　　图 2-29　　图 2-30

八、摩腰

盘坐，放下双手握拳，用两拳背贴于两腰部（肾俞、志室穴部位）。用拳背的中指拳棱骨顶住肾俞穴，拳心向后，顺时针方向揉旋91圈，再逆时针揉旋91圈。（图2–31）

图 2–31

揉摩肾俞穴对强肾壮腰，解除肾虚腰痛，梦遗滑精有良好的作用。《修龄要旨》中曰："临卧时坐于床，垂足解衣，闭息，舌拄上腭，目视顶门，提缩谷道，两手摩擦两肾俞穴，各220次，多多益善，极能生精固阳，治腰痛。"

九、叩齿吞津

1.盘坐，双手屈臂举于肩上，中指尖塞住耳孔，双目微合，闭唇，上下齿轻轻磕碰36次；继左右磨齿36次。（图2–32）

图 2–32

2.然后，两手中指用力从两耳孔拔出。（图2–33）

3.接着，用舌遍搅口中使津液（口水）生，至满口而鼓漱数下，分三次吞咽入腹。（图2–34）

图 2-33

图 2-34

《千金要方·养性》中曰："服食玉泉，琢齿，使人丁壮，有颜色，去三虫而坚齿。"漱津，有生津化阴，开胃健脾，促进消化的功效。津液的功能主要包括滋润濡养、化生血液、调节阴阳和排泄废物等。

滋润濡养：津液以水为主体，具有很强的滋润作用，富含多种营养物质，具有营养功能。津之与液，津之质最轻清，液则清而晶莹，厚而凝结。精、血、津、液四者在人身，血为最多，精为最重，而津液之用为最大。内而脏腑筋骨，外而皮肤毫毛，莫不赖津液以濡养。"津亦水谷所化，其浊者为血，清者为津，以润脏腑、肌肉、脉络，使气血得以周行通利而不滞者此也。凡气血中不可无此，无此则槁涩不行矣……液者，淖而极厚，不与气同奔逸者也，亦水谷所化，藏于骨节筋会之间，以利屈伸者，其外出孔窍，曰涕、曰涎，皆其类也"（《读医随笔·气血精神论》）。分布于体表的津液，能滋润皮肤，温养肌肉，使肌肉丰润，毛发光泽；体内的津液能滋养脏腑，维持各脏腑的正常功能；注入孔窍的津液，使口、眼、鼻等九窍滋润；流入关节的津液，能温利关节；渗入骨髓的津液，能充养骨髓和脑髓。

化生血液：津液经孙络渗入血脉之中，成为化生血液的基本成分之一。津液使血液充盈，并濡养和滑利血脉，而血液环流不息。故曰："中焦出气如露，上注溪谷，而渗孙脉，津液和调，变化而赤为血"（《灵枢·痈疽》），"水入于经，其血乃成"（《脾胃论·用药宜忌论》）。

调节阴阳：在正常情况下，人体阴阳之间处于相对的平衡状态。津液作为阴精的一部分，对调节人体的阴阳平衡起着重要作用。脏腑之阴的正常与否，与津液的盛衰是分不开的。人体根据体内的生理状况和外界环境的变化，通过津液的自我调节使机体保持正常状态，以适应外界的变化。如寒冷的时候，皮肤汗孔闭合，津液不能借汗液排出体外，而下降入膀胱，使小便增多；夏暑季节，汗多则津液减少下行，使小便减少。当体内丢失水液后，则多饮水以增加体内的津液。“水谷入于口，输于肠胃，其液别为五，天寒衣薄则为溺与气，天热衣厚则为汗”（《灵枢·五癃津液别》），由此调节机体的阴阳平衡，从而维持人体的正常生命活动。

汗为心之液，涕为肺之液，涎为脾之液，泪为肝之液，唾为肾之液。唾与涎同为口津，即唾液。较稠者为唾，较稀薄者为涎。脾之液为涎而肾之液为唾。唾液除了具有湿润与溶解食物，使之易于吞咽，以及清洁和保护口腔的作用外，还有滋养肾精之功。因唾为肾精所化，多唾或久唾，则易耗肾精，所以养生家常吞咽津唾以养肾精。

津液对气的作用：“水可化气”（《程杏轩医案续录》），“气生于水”（《血证论·阴阳水火气血论》）。水谷化生的津液，通过脾气升清散精，上输于肺，再经肺之宣降通调水道，下输于肾和膀胱。在肾阳的蒸动下，化而为气，升腾敷布于脏腑，发挥其滋养作用，以保证脏腑组织的正常生理活动，故云：“水精四布，五经并行”（《素问·经脉别论》）。此外，津液是气的载体，气必须依附于津液而存在，否则就将涣散不定而无所归。因此，津液的丢失，必导致气的耗损。如暑病伤津耗液，不仅口渴喜饮，且津液虚少无以化气，而见少气懒言，肢倦乏言等气虚之候。若因汗、吐太过，使津液大量丢失，则气亦随之而外脱，形成“气随液脱”之危候，故曰：“吐下之余，定无宗气”（《金匮要略心典》）。

津液对血的作用：津液和血液同源于水谷精微，被输布于肌肉、腠理等处的津液，不断地渗入孙络，成为血液的组成成分。所以，有“津血同源”之说。汗为津液所化，汗出过多则耗津，津耗则血少，故又有“血汗同源”之说。如果津液大量损耗，不仅渗入脉内之津液不足，甚至脉内之津液或精液大量丢失的患者，不可用破血逐淤之峻剂，故《灵枢·营卫生会》有“夺汗者无血”之说。

从此而知，咽津法对练功者有多么之重要了。这也叫作“以津补精”，是内丹修炼的入门基础，同时也就是“洗髓经”的基础功夫。

十、摩耳

1.盘坐，右手经头顶向左，用掌心及四指腹按住左耳前面，拇指腹捏住左耳垂后面。（图2–35）

2.右手五指用力上摩至耳尖时，拇、食、中三指捏住上提，放开。（图2–36）

反复上述动作36遍；再换左手提摩右耳。

图 2–35

图 2–36

十一、撼天柱

1.盘坐，两手放在膝盖上，端身正头颈，呼吸自然。（图2–37）

2.以颈部为轴，头部缓缓向左转，两眼极目向左后侧看。（图2–38）

图 2–37

图 2–38

3.接着，头部缓缓向右侧转，两眼极目向右后侧看。（图2–39）

图 2–39　　图 2–40

4.左右转头各12次后，正头颈，仍端坐。（图2–40）

5.缓缓收颔，头向前，直至下巴抵住天突穴，目视下丹田部。（图2–41）

6.接着，缓缓抬头，下巴尽力上抬，后脑勺尽量靠向大椎穴部，两目上翻，极力向上后方观看。（图2–42）

图 2–41　　图 2–42

7.低头、仰头反复各12次后，正头颈，仍端坐。（图2–43）

8.头部向左肩缓缓贴近，直至整个耳朵贴住左肩头。（图2–44）

9.然后，头部又向右偏，缓缓向右肩贴近，直至整个右耳朵贴住右肩头。（图2–45）

图 2–43

图 2–44

图 2–45

图 2–46

10. 左右各12次后，正头颈，仍端坐。（图2–46）

11.接着，头部以颈部为轴做顺逆时针旋转，动作缓慢，顺逆各转3周。（图2–47～图2–52）

图 2–47

图 2-48

图 2-49

图 2-50

图 2-51

图 2-52

十二、左右抓挽手

1.盘坐静心，双掌抱于小腹前；起右手向前缓慢平伸出，掌尖向前，掌心向上。（图2–53）

2.吸气，屈指握拳，用力缓慢地拉回胸前。（图2–54）

图 2–53　　图 2–54

3.右拳收落，放于左掌上。（图2–55）

4.接着做左手抓挽，动作相同，唯方向相反。先向前方，继向侧方，再向上方。左右手向三个方向，各伸、抓12次。（图2–56～图2–71）

图 2–55

图 2–56

图 2-57

图 2-58

图 2-59

图 2-60

图 2-61

图 2-62

图 2–63

图 2–64

图 2–65

图 2–66

图 2–67

图 2–68

图 2–69

图 2–70

图 2–71

在前面几势乃“洗髓”之法，此势抓挽手具备“易筋”之效；能使关节畅通，筋脉通顺；长期练习，两臂、肩、肘、腕、指诸关节在运动“咕咕”作响，气力倍增。《千金要方·调气》中有云：“徐徐乃以手左托右托，上托前托……气力强健，百病皆去。”元代丘处机《四气摄生图》中百按摩法：“以手左拓右拓上拓下拓前拓后拓，瞋目叩齿，摩手热摩眼，拔耳捩腰，震动只作反手为之。然后掣足仰展覆展约七八数而止，徐徐作之。仍想空作太和气断下入顶，如云入山，入皮入肉入腹入四肢，五脏皆受其润，则觉腹中有声，意转存思勿念外像，则元气达于气海。须臾自达于涌泉。且日引一通至三通令人力健耳目聪明，百疾皆去，无限年日，长存不忘，得满千万通去仙不远矣。”

十三、低头攀足

1.盘坐，两掌伸臂向头顶上方托举至臂直，掌心向上，掌尖向后。（图2–72）

2.两掌向前方下按，掌心按于床面，上身前俯，前胸尽量贴于两小腿交叉处。（图2–73）

图 2–72

图 2–73

3.上述动作一伸一俯3次后，放伸双腿，脚尖勾紧，两臂左右展开。（图2–74）

4.双掌向两脚尖前合拢，掌心向下。（图2–75）

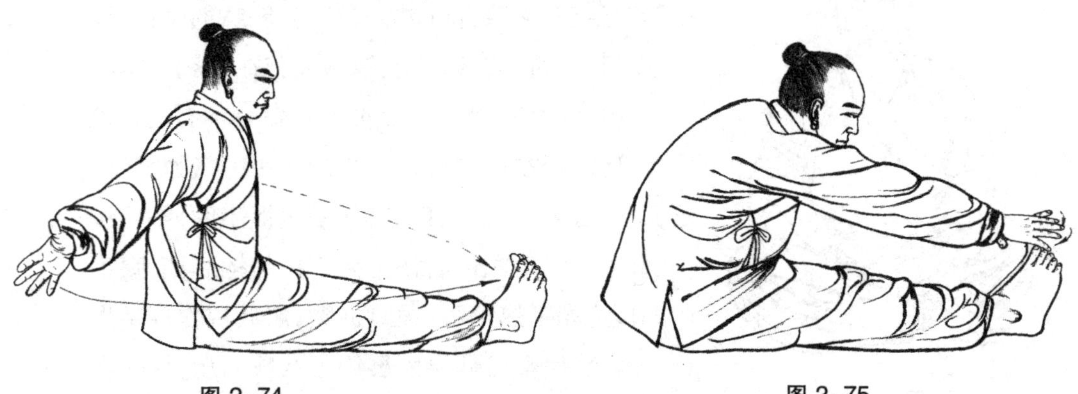

图 2–74

图 2–75

5.屈指握拳，用力缓缓收回抱于肋侧，拳心向上。（图2–76、图2–77）

图 2–76

图 2–77

6.上动反复12次后，上身前俯，两手十指扳住前脚掌。（图2–78）

7.两手扳住脚前掌尽量收拉，下巴尽量前伸，做抻动12次。（图2–79）

图 2–78　　图 2–79

前面十三势练习完后，就下床舒活筋骨，拉压腿部韧带之法。

十四、下蹲

1.成立正势，两掌向前平伸，两臂与地面平行，掌心向下，掌尖向前，目视前方。（图2–80）

2.屈膝下蹲，至臀部贴近足后跟部。（图2–81）

按上述动作一起一蹲共12次。

图 2–80

图 2–81

十五、俯身攀足

1.立正，两掌按贴于腰部，掌尖相对。（图2–82）

图 2–82

图 2–83

2.两掌贴住腰部，经臀部，过大腿后侧，直摩到足后跟，膝部挺直，上身下俯。（图2–83、图2–84）

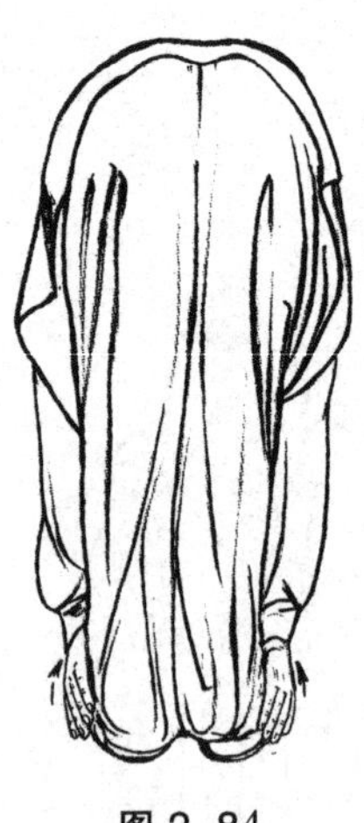

图 2–84

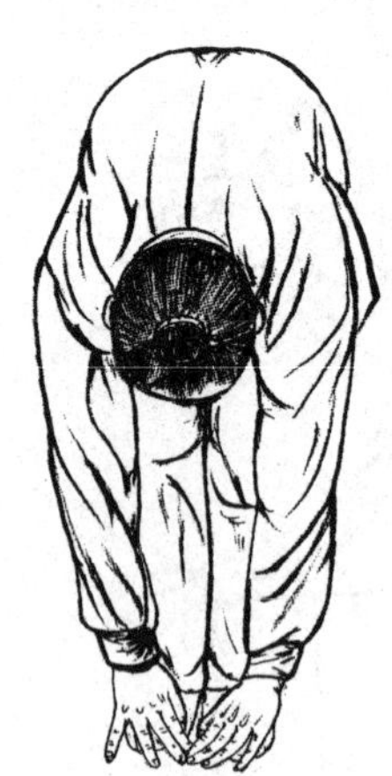

图 2–85

3.接着，两掌内转，掌心按在脚背上。（图2–85）

然后，起立，再俯身，双掌按于脚背，反复12次。

十六、铺地锦

1.先左仆步压腿，两脚掌贴地，左右腿各压36次。（图2–86～图2–89）

图 2–86

图 2–87

图 2–88

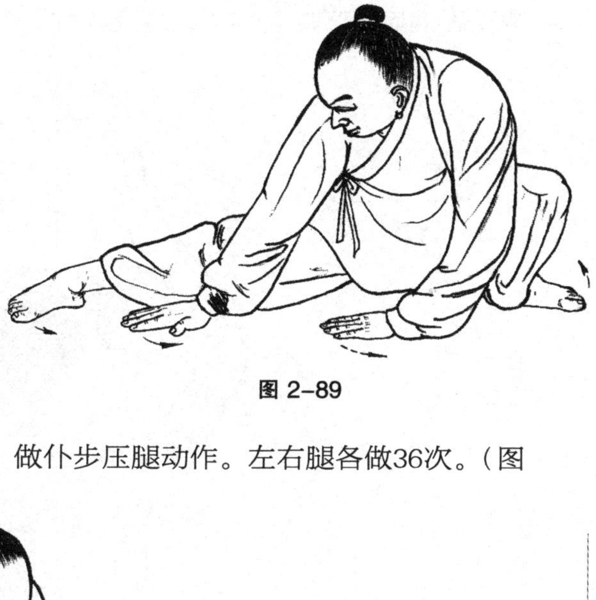

图 2–89

2. 接着，将仆地的脚尖上翘，做仆步压腿动作。左右腿各做36次。（图2–90、图2–91）

图 2–90

图 2-91

十七、作揖势

接上势的仆步动作，立起上身，成开裆而立。然后，上身前俯，两膝挺直，两掌按贴地面，面部尽量向下以接近地面状。抻动12次为宜。（图2-92）

图 2-92

第三章　十二大劲

武当流通武学不但是一门武学，同时也是一门艺术，首先是强身健体，祛病延年；再就是寻求理趣，以武演道，返璞归真。没有良好的修养和悟性，修炼很难达到最高境界的。十二大劲是流通武学的核心，若想从此中得到打手之法，三至五月足可。如果欲从此证悟大道，那就非三五载勤修不能达到。所以，在刚进入十二大劲训练之前，再次提醒，熟读文字，开动脑筋，多看、多想、多练、多体味。开初必须循规蹈矩，对着镜子纠正好自己的动作，或请旁人观看，你所做动作与图谱是否完全一样。如果动作不规范，则经脉不顺，气血不得流通，至此劲不得长也。假如姿势掌握得好而准确，每天只练一次，只需三个月，胸腹更有抗打之功，抖动拳、掌时可发出风声，全身劲气奔涌，有力大无穷之感。

【练功要求】

入门训练十二劲，上身始终要中正。
任督二脉须贯通，喷气生劲震丹田。
吸气动作缓缓行，吐气出手似闪电。

1.练功时，要把腰带放松，衣服以宽大为宜。不能戴手表、护腕、眼镜等物。

2.练功前排清大小便，鼻涕擤干净；功后1小时内不得大小便，以防内气走失，功中出现口水(津液)要吞咽。

3.练功期间严禁房事，若出现梦遗时，练功应安排在中午或晚上，早晨只练“洗髓经”即可。

4.练功场地应选择环境安静，空气新鲜的地方，最好在室外树林里练，但阴冷天、有雾或雷雨天可在室内练功，此时必须把窗户打开，练功时避免在池塘溪水边、桥边和高建筑物上，以防意外。

5.在初练三个月中，于每天早晨或晚上练功一次即可，待气足时可于早晚各练一遍最好。

6.本功呼吸以鼻喷气（就像擤鼻涕似的）为主，气吸满后，闭口用鼻将气从鼻孔喷出，喷时要求自然而顺畅，不可有意用气冲击鼻腔及口腔上腭而发出怪声，喷气与动作是同时进行的，功中特别注意要提肛缩阳，以免喷气时震动而导致脱肛，或元气走失。吸气以均匀细长深，功中常提到吸气时默数九口，此乃传统用语，天人合一之意，表示气吸满不能再吸了。每吸气必吞咽入腹。

7.其他要求在每一势中有着独自的要求，望能仔细领悟，不可轻视也。

【总诀】

鸿蒙初辟出圣贤，金戈铁马映乾坤。
文通武道流万世，枢密玄机仔细研。
神州悠悠数千载，武途沧桑宗派分。
万象包罗何处寻，流通真宗显精神。
变化无穷精华聚，祖师劲法度有缘。
斯若修成十二劲，英雄扬眉撼世间。

无极势

【歌诀】

双足开立两手垂，浩然正气定根基。
气息流通天和地，此为乾坤第一势。

【练法】

自然站立，面向东方（此功应随太阳转动而定练功方向）；双掌自然垂于体侧，全身自然放松，双目轻轻闭合，舌顶上腭，凝神敛息，自然调息3分钟。（图3–1）

图 3–1

第一势　划手劲

【歌诀】

打开宝笈玄机显，划手犹如抽丝鞭。
劲风飘拂三春柳，拍格斫抽任方便。

【练法】

1.两脚分开比肩略宽，屈膝蹲成马步桩站立，上身正直，两眼平视前方，提肛缩阳，左掌背反贴在左臀部外侧，右手成自然掌置于左肩前，掌心斜向左耳颌侧。（图3–2）

2.姿势摆好，调匀呼吸，深吸气至满后，鼻喷气，右掌抖劲向右侧下划至右大胯外侧的臀部后；同时，左掌从左臀侧旋提至右肩前上方，掌心斜向右耳颌侧。（图3–3）

图 3–2

图 3–3

然后，左手下划，右手上移。照此动作反复进行，左右手共做100次。

3.然后，起身收步，正身直立，放松身体，平心静息，准备进入下一势的训练。（图3–4）

图 3–4

【注意】

1.两手在划动时，不可僵硬，两条手臂恰如两条软鞭一样，用抖发劲，力达指尖。在下划手至臀后定型时，略做勾腕抖力。

2.两手划动切不可盲目求快，下划手用鼻喷气后，应用鼻迅速吸入一口气后，方可下划另一手。

3.初习时，两手臂不易放松，有僵滞之感，待日久功深时，两手下划可增至800次。

4.划动手臂之中，身体和马步桩不得摇晃，上身尽量保持中正。下盘不稳者，可抬高马步，或开裆而立即可。

第二势　顺气功

【歌诀】

插搂夹缠起玄机，双手运劲阴阳腾。

顺气功技妙无穷，化拿演打由此生。

【练法】

1.左脚横开一步，屈膝下蹲成马步桩站立，两掌抱于腰际，掌尖向前下方，掌心向上；收腹提肛，两眼平视前方，舌顶上腭，用鼻均匀细长的吸气，默数九口气配合津液吞咽入腹。（图3–5）

2.喷气，双掌伸臂向裆下插出，两掌心斜向前方，两前臂外侧贴于左右大腿内侧，目视两掌下地面。（图3–6）

图 3–5

图 3–6

3.用鼻均匀细长地吸气；同时，两掌向前、向上抬至与胸平。（图3–7）

4.扣指握拳，用力收拉至口鼻前方，拳心对面。（图3–8）

5.闭息，两拳相贴翻动成两拳面相贴时，伸指成掌，配合喷气，两掌向前方

图 3–7　　图 3–8

插出，两臂伸直，掌背相对，相距2寸（1寸约3.3厘米）左右，力达掌尖。（图3–9）

6.吸气，两掌、臂左右分展，掌心向后，高与肩平，成一字平肩状。（图3–10）

图 3–9　　图 3–10

7.两掌、臂尽量向后展，至极限而弧形后挽，近腰部两掌按住肾俞，两掌指尖按住命门穴，然后向腰际旋摩，屈指成拳，抱拳于腰际。（图3–11）

8.喷气，两拳变掌向裆下插出，两掌心斜向前方，两前臂外侧贴于左右大腿内侧。（图3–12）

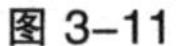

图 3-11

图 3-12

9.双掌收于腰际，自然呼吸。（图3-13）

10.上述动作为一遍，反复练习九遍后，起身，收左脚于右脚内侧成立正势，两臂自然垂于体侧。（图3-14）

图 3-13

图 3-14

【注意】

1.这一势的动作，在吸气时应尽量均匀缓慢而用力，喷气时的动作快速而爆发，特别要与喷气配合一致。

2.双手在做任何动作时，马步和上身不可有任何摇动，脚趾紧紧抓地，吸气时收腹，喷气时凸腹。

第三势 托天换斗

【歌诀】

混元一气掌托天，摘下星辰归炉鼎。

裹臂震足三口气，罡炁护体鬼神惊。

【练法】

1.两脚并步而立，左掌握拳后收，拳背贴于左臀部侧（环跳穴处），右掌收于右腰间，掌心向上，吸气（默数九口），吞咽入腹。（图3–15）

2.喷气，右掌向头顶上方托举而出，手臂尽量伸直，掌心向上，抬头仰视掌背。（图3–16）

3.吸气，同时，上身前俯，两腿挺直，右掌下按至右脚尖前。（图3–17）

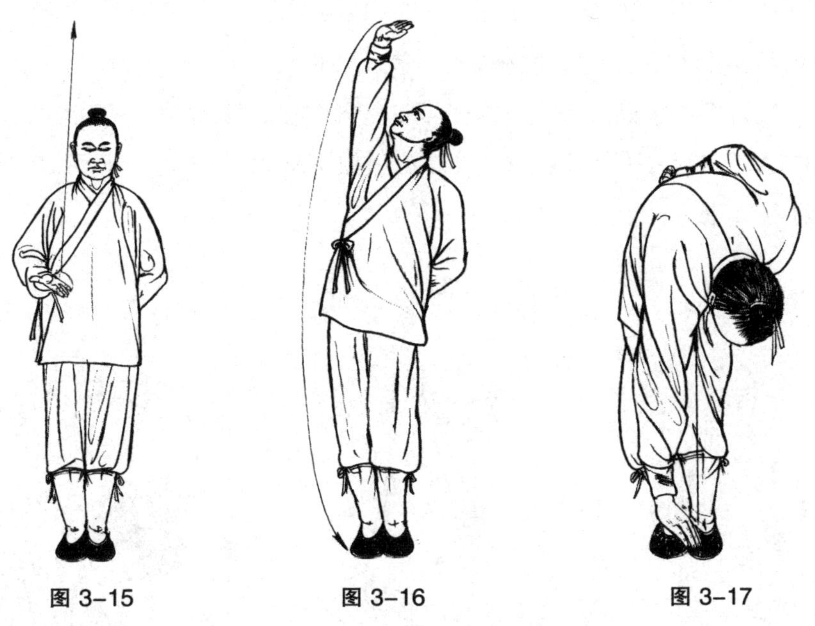

图 3–15　　图 3–16　　图 3–17

4.右掌抓握成拳，翻转成拳心向上，闭气将右拳提起，至拳心对鼻。（图3–18）

5.肘向外张，高与耳尖平，拳随肘旋至右肩前，使拳心向下，拳眼对肩；同时，两足跟随抬肘时缓缓离地提悬，两脚前掌撑地。（图3–19）

6.喷气，脚跟落地，右前臂向胸前旋裹，立肘竖臂于胸前，拳心对鼻。（图

图 3–18

图 3–19

图 3–20

3–20）

快速抬肘、抬足跟、落地、裹臂、喷气，共3次。

7.然后，换左手做3次，动作相同，唯姿势相反。（图3–21 ~ 图3–26）

8.左右手各反复做3遍（共9次），然后放下双臂自然垂于体侧，自然呼吸，目视前方。（图3–27）

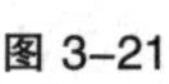
图 3–21

图 3–22

图 3–23

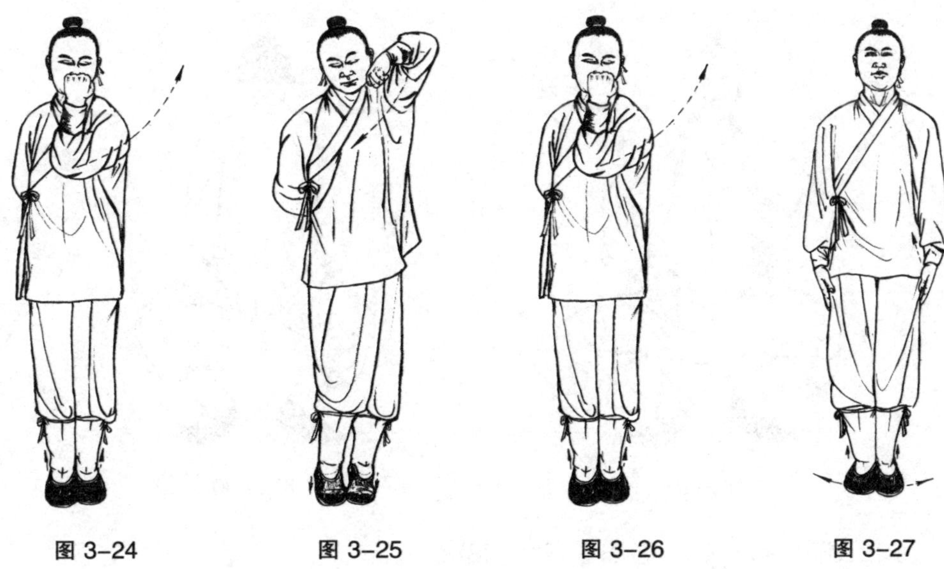

图 3-24　　图 3-25　　图 3-26　　图 3-27

【注意】

1.在每一遍的裹旋肘臂时，应快速完成3次裹旋，3次喷气。

2.裹臂、喷气、落足跟，三者是同时完成。

3.脚跟的起落，应有弹性。身体不得摇晃，由始至终，膝腿尽量绷挺用劲，不可有弯膝软腿的弊象。

第四势　三盘落地劲

【歌诀】

三盘落地劲混元，起伏雷霆注脚尖。

腕动十指划幻影，银海摇光阴阳平。

【练法】

1.两脚后跟靠近，足尖外摆成一字形；两手叉腰。然后，足跟提离地面，以两足前掌撑地，屈膝下蹲，两膝均向外展，使裆胯略成椭圆状，吸气（默数九口），吞咽入腹。（图3-28）

2.喷气，臀部及大腿下沉，两小腿及脚保持原势不动，气一喷出，臀即落下接近足跟约3寸。（图3-29）

图 3-28

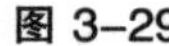
图 3-29

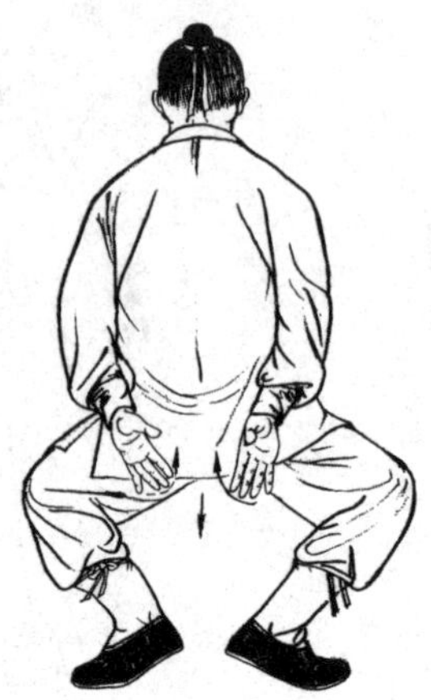
图 3-30

按上述动作，一起一落48次，喷气48次。

3.接着，放下双掌于两臀部后侧，两臂伸直夹肋，掌心向外，虎口相对，掌尖向下；下盘蹲立如前势，吸气（默数九口），吞咽入腹。（图3-30）

4.喷气，臀部下沉，左右掌以腕为轴，两掌外摆，指尖向后划弧。（图3-31）

按上述动作，提臀、吸气、回掌；又下沉臀、喷气、摆掌，反复动作共48次。

5.然后，起身落步，正身直立，双臂自然垂于体侧，放松身体，调匀呼吸。（图3-32）

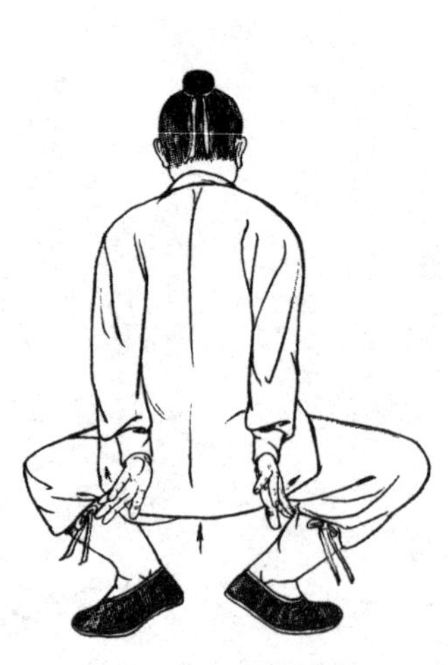
图 3-31

图 3-32

【注意】

1.这一势，才开始练习时比较困难，两腿酸软难以支持身体平衡；所以，刚学练，每次做12个起落即可，待功力增进而加起落次数。

2.动作时，两脚前掌撑地不可摇晃，动作起落有序，呼吸顺畅。

3.第一动作与第二动作要领是一样的，只是手部动作不同。如第一动作做完较累，不能坚持时，可稍休息一会，再做第二动作。全部做完，可用双掌拍打双腿，按摩肌肉，使其舒筋活络消除疲劳。并能增长双腿的劲力，下盘桩功的稳固。

第五势　虎卧劲

【歌诀】

九重天上起玄音，双掌托天惊雷霆。

虎卧劲震山岗响，修成龙虎功一身。

【练法】

1.两足并步站立，挺膝伸直，两掌收于小腹前成十指交叉，掌心向上。吸气（默数九口），吞咽入腹。（图3–33）

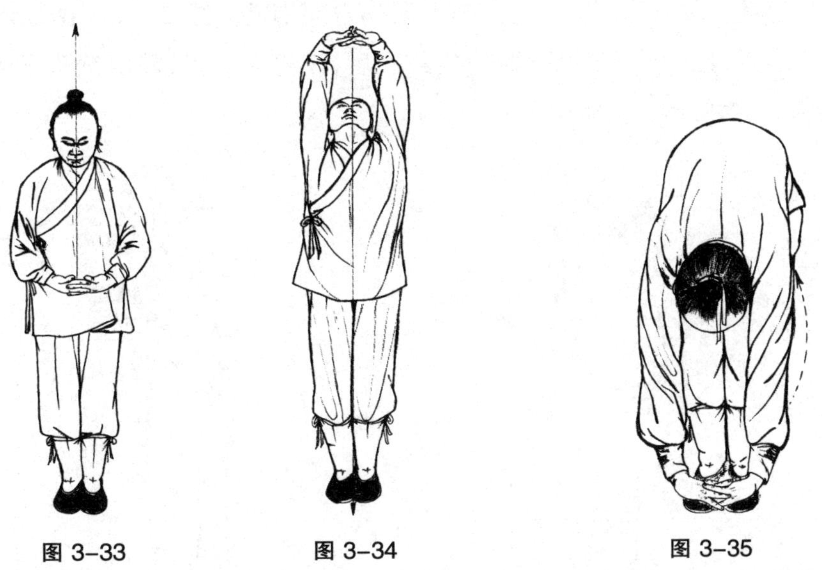

图 3–33　　图 3–34　　图 3–35

2.喷气，两掌翻腕，举掌向头顶上方猛力托出，两臂伸直，仰面目视双掌，有如托天之意。（图3–34）

图 3-36

图 3-37

图 3-38

3.快速吸气后。喷气，翻掌俯身下按，双掌按于脚尖前地面，用力要猛。（图3-35）

4.然后，起身收掌，上身向左转约90° ，两脚不变，只是上身左转，动作与向前方做的动作相同，唯两掌上举、下按在左外侧。（图3-36～图3-38）

5.起身换做右侧，动作与左侧相同，唯方向相反。（图3-39～图3-41）

6.前方、左侧、右侧轮流练习共27次后，正身而立，双臂自然垂于体侧，放松身体，自然呼吸。（图3-42）

图 3-39

图 3-40

图 3-41

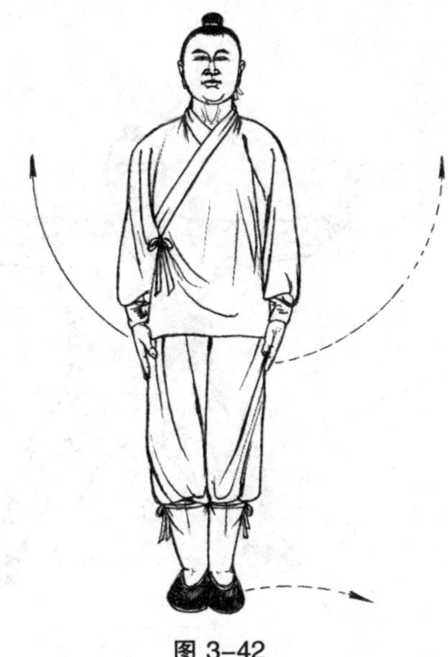

图 3-42

【注意】

1.在整势动作过程中，两腿挺直，膝不能放松。两脚跟不能离地抬悬。双掌叉指托举及下按地，都需用抖发之劲，不可用僵力。

2.下按地时，以掌震地。必要时，地面可放置铁砂袋，可更好地练习双掌的阴阳玄罡劲炁。假如下按地有震动大脑的感觉时，是没有用好抖弹之劲，应尽量放松双臂才行。初练习，动作不要过猛，待功力增而加速、加力。

第六势　一字劲

【歌诀】

一字劲法莫轻视，双臂桥手似铁硬。

气纳天罡九转丹，五湖四海任君行。

【练法】

1.左脚横开一步，屈膝蹲成马步桩，两臂左右平伸与肩同高；坐腕竖掌，掌尖向上，掌心向外，目视正前方；吸气（默数九口），吞咽入腹后，喷气，全身及两臂不动，以腕为轴，两掌指向后划弧摆掌，回掌时快速吸气。如此一吸一喷，双掌摆动共48次。（图3-43）

2.接着，上体左转，成左弓步。两臂左右平伸动作不变，五指尖合拢，屈腕成勾手，勾尖向下，目视前方。（图3-44）

图 3–43

图 3–44

3.动作姿势摆好后，用鼻均匀细长的吸气（默数九口），吞咽入腹后，喷气，左手向左脚外侧下落，至左勾手背触贴左外踝部；右臂向右侧方上抬，勾尖向下。两臂始终保持一条斜直线。（图3–45）

4.接着，恢复动作间迅速用鼻吸气，在右勾手下落向左足踝内侧时，鼻猛将气喷出；右勾手背触贴住左脚弓近大趾处，左臂向左侧上方抬举，高于头顶，勾尖向下，两臂保持一条斜直线。（图3–46）

图 3–45

图 3–46

5.左右勾手交替起落48次后，右转身成右弓步，动作与左侧动作相同，唯方向相反，练习次数相同。（图3–47～图3–49）

图 3–47

图 3–48

图 3–49

图 3–50

6.接着，左脚向右脚内侧收步，继向正前方上一步，成左弓步。练习动作与前面的左势动作相同。（图3–50～图3–52）

7.再右转身成为右弓步，练习方法与前面动作相同。（图3–53～图3–55）

8.右弓步练习完毕，再左转成左弓步，左脚收退一步于右脚内侧，并步正

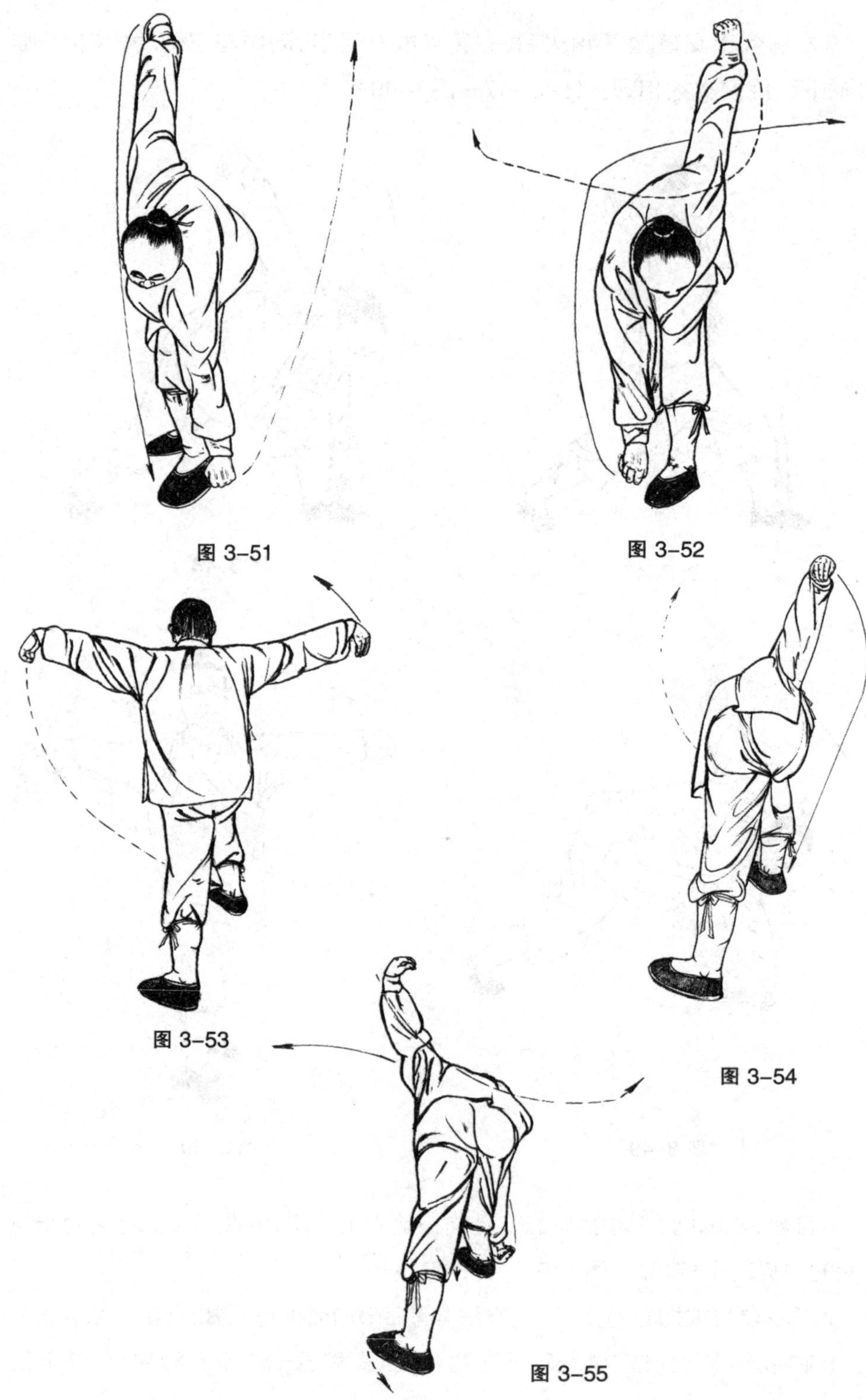

图 3-51

图 3-52

图 3-53

图 3-54

图 3-55

身直立，放下双手成掌，自然垂于体侧，目视前方，呼吸自然。（图3–56、图3–57）

图 3–56

图 3–57

【注意】

1.此势动作重复次数较多，其实只是两势动作，第一动作的平臂旋腕摆掌只要求上身中正即可。第二动作虽然较为复杂一点，但只要掌握好，两臂始终伸成一条直线，恰如两臂绑在一根担于肩上的扁担，上下撬动都是直的。

2.弓步动作要保持前腿弓、后腿绷的姿势，前后脚掌着地不能有悬跟的动作。下落臂时有内旋裹前臂使勾尖向外的动作，上抬之臂仍保持原势不变。喷气与吸气之间要保持均匀，吸气要快，喷气要随动作而发。

第七势　提锁礅

【歌诀】

神聚金身龙虎天，提起锁礅壮丹田。

炼成丹田混元气，走遍天下无人敌。

【练法】

1.左脚横开一步，成开裆步站立；左掌握拳，反贴于后腰际，右掌收置右小腹侧，五指撑开，掌心向上，吸气（默数九口），吞咽入腹。（图3–58）

2.喷气，右掌用力向头顶上方托举；同时，上体向左转约90°，成左弓步势。（图3–59）

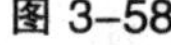

图 3-58

图 3-59

3.吸气，右掌向左前方缓缓下按至左脚背。（图3-60）

4.上体俯身，缓缓向右移，右掌从左脚经裆前地面用力划移至右脚尖前。（图3-61）

图 3-60

图 3-61

5.右掌屈指握拳，屈臂上提，至胸前时，肘臂外展向右外侧上提，拳心旋转至与耳平齐，两腿变成开裆步站立。（图3-62）

6.此时，气已吸满。配合鼻喷气；同时，右拳旋臂下收，用拳棱砸击右侧小腹（软肋）部位。（图3-63）

图 3-62

图 3-63

7.连续抬臂、砸腹3次。然后，换练左手，动作与右手相同，唯姿势相反。（图3-64～图3-69）

图 3-64

图 3-65

图 3-66　　图 3-67

8.左右手各练习三遍后，左脚收步于右脚内侧成并步正身直立，双掌垂于体侧，目视前方。（图3-70）

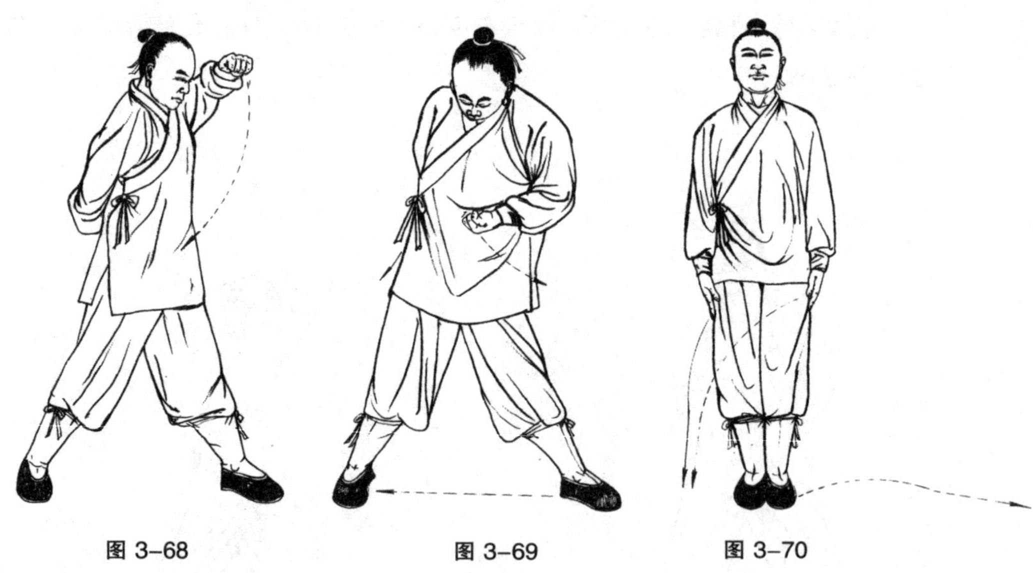
图 3-68　　图 3-69　　图 3-70

【注意】

1.此势在托掌后的一段吸气时间较长，所以要尽量保持均匀细长，手部动作用力缓行，不可过快，当掌下按划移至同侧脚时，即闭气握拳上提；在砸击小腹侧（或丹田）时，切记要与喷气配合好，靠喷气震荡丹田之力来抵抗砸击。

2.随着功力增进，砸击部位可增至两软肋及整个腹部。随后就成开立步，两拳交替排砸，不拘动作姿势。也可配合喷气，请助手用拳脚，或沙袋、木棒排击。

第八势　蝌蟆劲

【歌诀】

蝌蟆劲法手足紧，气出丹田达指尖。

俯身扑地显玄妙，撼动泰山刻苦炼。

【练法】

1.上体右转，左脚向后退一大步，放下两掌撑地于右脚尖前。（图3–71）

图 3–71

2.右脚退步，与左脚相并，两腿伸直，全足掌着地；臀部向后上方撅起，上身从前向后移动时，用鼻深深吸气，手脚抻紧，使身体成一个“等腰三角形”姿势。（图3–72）

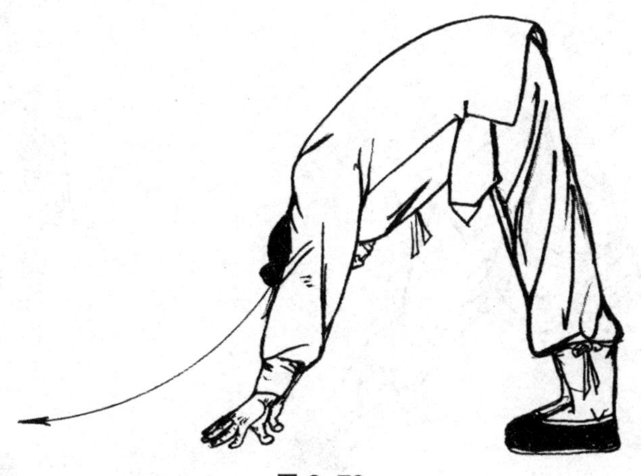

图 3–72

3.喷气，头部及上身向前地面成俯冲势，两臂屈肘，两上臂夹紧胁肋部，肘尖向后，足跟抬悬成两足尖点地，身体成一直线与地面平行，脚尖和手掌支撑身体，头部抬起，目视前方。（图3–73）

4.接着，以掌臂着力，配合鼻均匀细长吸气，身体向后、向上移动，落足跟，臀部向后斜上方撅起，恢复成“等腰三角形”姿势。（图3–74）

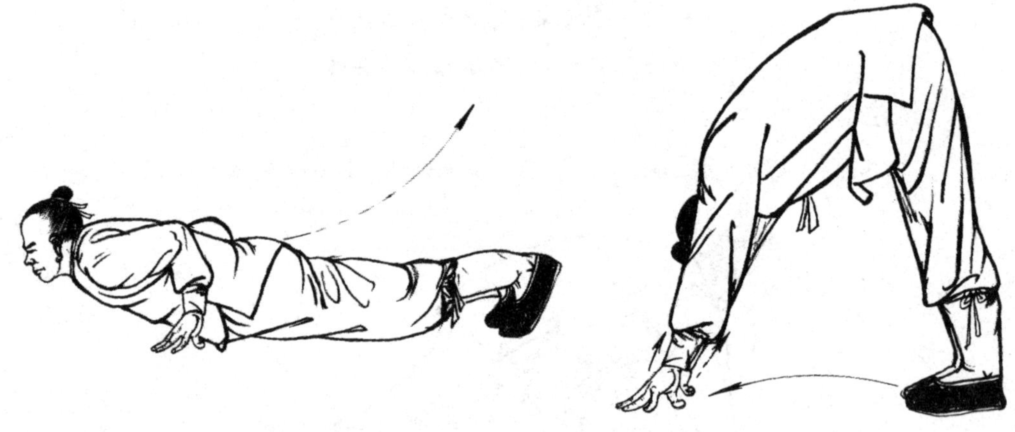

图 3–73　　图 3–74

此为一遍，反复运作此势，不限次数，量力而行。

5.右脚向两手按地处上步，随之，两手离地上收，右膝屈蹲成右弓步势。（图3–75）

6.左脚上步于右脚内侧成并步，上体左转约90° ，并步正身直立，两臂自然垂于体侧，呼吸自然，目视前方。（图3–76）

图 3–75

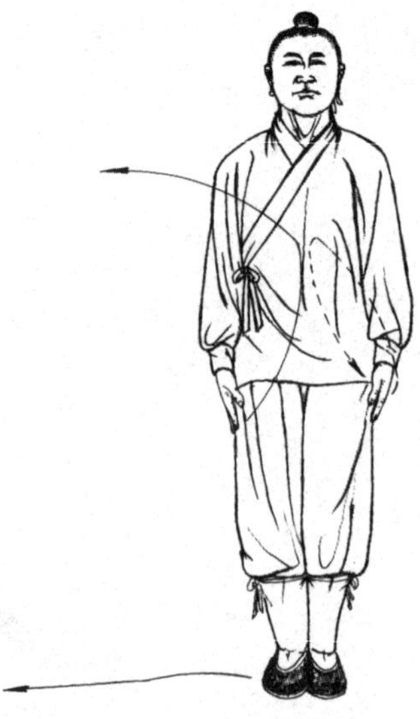

图 3–76

【注意】

1.此势练法，不能与一般的俯卧撑相提并论，精妙之处是在呼吸之法。气吸满后，喷气俯冲，动作要快，身体要保持一条线。

2.初学者最大的弊病是，一喷气俯冲便成为胸部着地，臀部凸起、低头塌腰之怪相。

3.开初练习，能做一次就算一次，待功深劲长后，可做二三十遍时，可将掌换成十指撑地练习。

第九势 牛尾劲

【歌诀】

青牛尾上一挂鞭，谁能识得大罗仙。

子午行踪隐高玄，上顾咽喉下击阴。

【练法】

1.上体右转约90° ，右脚向右侧跨进一步，成右弓步。右手握拳立肘内扣，拳高与鼻平，拳心向内；左拳臂斜拖于身后，勾腕紧臂，拳心向上，高与臀平，距臀约3寸。吸气（默数九口），吞咽入腹后。（图3-77）

2.喷气，左转身成左弓步；同时，左拳向上勾，屈肘成拳心对鼻，右拳臂内翻向右后侧下反勾，斜拖臂于身后，距臀约3寸，拳心向上，目视左拳。（图3-78）

图 3-77

图 3-78

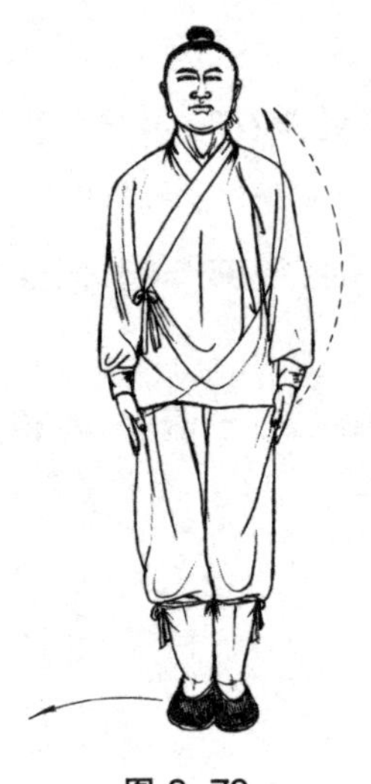
图 3–79

继右转身，喷气勾提右拳。如此左右循环练习12次。

3.上身右转约90°，面向正前方；右脚收步于左脚内侧，成并步正身直立，双拳变掌，自然垂于体侧，目视前方。（图3–79）

【注意】

1. 此势主要是靠左右转动身体来完成两手的变化，步型变动不但要灵活，而且，两拳及臂应发抖劲，使劲力直达拳梢，在体力的条件下，可左右循环行功各81次。

2.喷气与动作必须配合一致，不可散懒松懈。

第十势　锁喉劲

【歌诀】

呼吸通道此为准，锁喉劲功非等闲。
丹田气上泥丸顶，武途大道称至尊。

【练法】

1.上体左转约90°，右脚退步，重心落于右腿，左腿伸直，成左高虚步；双手握拳相并，屈肘内扣立于面前，拳心对鼻，上体后移，重心全落于右腿支撑，左腿、腹、胸直至面部成一斜线。用鼻均匀细长吸气（默数九口），吞咽入腹。（图3–80）

图 3–80

2.喷气，右脚蹬力，左膝屈蹲成弓步；同时，左右拳迅速向后下反臂背扣，夹紧腋部，拳心向上，拳面向下，高与臀平，下巴上抬向前伸，尽量使颈部肌肉紧张，挺胸收腹。（图3–81）

3.然后，收颌吸气，双拳成弧形上勾至

图 3-81

图 3-82

面部前方，重心移于右腿，成起势姿势；同时，喷气。（图3-82）

4.如此反复动作9次。再右转身练习右侧动作，动作与左侧动作相同，唯方向相反。（图3-83～图3-85）

5.动作9次后，右脚收步于左脚内侧，上体左转成面向正前方，并步正身直立，双拳变掌下落，自然垂于体侧，目视前方。（图3-86）

图 3-83

图 3-84

图 3-85

图 3-86

【注意】

1.这一势在初练时,虚步仰身成一条斜直线不易掌握。在训练中要随时检点自己的动作姿势,要求规范。

2.前弓步喷气时,颈部前伸,要尽量使颈肌绷紧;虚步勾拳时,下颌内含,颈部的肌肉也要鼓气紧张。

3.练到一定程度时,为增进功力,可用木棍一端抵墙,另一端抵住咽喉,进行训练,不出百日,即可喉顶钢枪,抗坚避锐。

第十一势 鹰爪劲

【歌诀】

鹰爪劲法世间稀,练就十指千斤力。

抱着太极运玄机,日久自悟此中理。

【练法】

1.左脚横开一步,成马步桩而立;两掌心相对抱于小腹(丹田)前,右掌在上,左手在下。十指屈成爪状,气吸满吞咽入腹。(图3-87)

2.喷气,两爪扣指成拳,向左右分绷撕拉,劲发抖力。(图3-88)

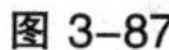

图 3-87

图 3-88

3.然后，两掌松指，翻转掌，配合鼻吸气，合掌于丹田前成掌心相对，此时右掌在下，左掌在上。（图3-89）

接着，再扣握拳分绷撕拉，反复进行48次。

4.左脚收步于右脚内侧，成并步正身直立，双掌放下自然垂于体侧，目视前方。（图3-90）

图 3-89

图 3-90

【注意】

1.两掌于丹田前犹如抱球之状，扣指撕拉与喷气应配合一致；上身中正，马步稳固而不动摇，分绷时，两肘向左右撞劲，扩胸抖力。

2.两手撕拉动作快速，伸指内合时，动作缓慢而绵绵用力。

3.练到一定程度时，可用两掌于小腹前抱一石球或铁球，借两手撕拉使球旋转，两手一分迅速合拢抱住石球，以增强两掌十指之力。

第十二势 铁船过海

【歌诀】

旱地行船称神奇，须得师尊传真谛。

九九归一功行满，流通真宗显机密。

【练法】

1.左脚退一小步，沉身下屈，两掌下落按于身侧地面。（图3-91）

2.臀部坐地，两腿前伸，脚尖上翘，两掌收抱于腹前。（图3-92）

图 3-91

图 3-92

3.两腿（脚）、头部上翘，用臀部着地支撑，双掌掌尖相对收于胸前，掌心对面部，含胸收腹。吸气（默数九口），吞咽入腹。（图3-93）

4.接着，双掌翻转向前推出；同时，喷气，身体以臀部借喷气之劲的抖震弹地向前滑动一次。（图3-94）

图 3-93

接着，推出之掌随吸气收至胸前，气吸满后再推掌喷气，如此反复12次。

图 3-94

【注意】

1.此套功法的每一势是完全可以分开训练的，在进入“铁船过海”这一势之前，必须将前十一势练习至劲气充足时，方能完成旱地行船的动作。

2.这一势也是十二大劲的巩固功，苦练十二大劲一至两年后，每日只行“铁船过海”势，即可永保功力不退。

收势

【歌诀】

功行圆满十二劲，静下心来守丹田。
修炼真意终何在，延年益寿不老仙。

【练法】

1.全功十二势结束后，盘腿而坐，垂帘收心，静心调息，自然呼吸，全身放松，舌舐上腭，逆腹势呼吸共108息。（图3-95、图3-96）

图 3-95

图 3-96

2.两掌沿大腿外侧下落按地，上体前俯，十指与两脚掌撑地立身而起，两掌垂于体侧。（图3–97、图3–98）

3.右脚收步于左脚内侧，成并步正身直立，呼吸自然，目视前方。（图3–99）

图 3–97

图 3–98

图 3–99

第四章 六合靠

六合靠，是流通门“六合连靠”的高级功法，初级法以“三角桩抓腕”“四打棒”“打三星”为主。

此套六合靠，是十二大劲用于技击中的辅助之法，在十二大劲训练至功成时，犹如鞘中宝刀，难显锋芒。所以，必须借助于六合靠法将手、眼、身、步训练灵活，才能将十二大劲的每一势中蕴含的技法引导出来。如果只练十二大劲和硬功十八绝，不练六合靠，在没有师尊亲自点拨技击发挥时，只能具备强身健体，偶遇强敌，虽有金刚不坏之躯，也会让人给戏耍得狼狈不堪的。六合靠法补足了十二大劲中身、步的转化，以及腿法的空缺；并且习惯成以手截手，以腿截腿的条件中枢反射功能。

此功法为两人相互对靠的势子，动作姿势都是一样的。如果没有对靠伙伴，就找一根树桩当靶子进行训练。

【歌诀】

武道秘律内劲玄，精研技法方得真。
诸靠演绎是本源，六合归一真根本。
磕碰缠旋无缝锁，天地人盘守中门。
靠肘翻臂划摩天，侧身犹如幻化影。
缩身震脚发音讯，踹膝腿法莫露形。
落步偏移让三分，臂起锋芒怎知情。
收足转身变化妙，连环顺逆要分明。
不识其中生克理，莫言武学至上乘。

【练法】

预备势：双方以高马步桩相对蹲立，相距以伸手两腕交接为佳；两掌抱置腰际，调匀呼吸，挺胸收腹，四目相对（图4–1）。

图 4–1

一、靠腕

1.甲乙双方同时伸出右手向前下侧划弧摆击，使双方右腕桡侧部在裆前方相碰击。（图4–2）

图 4–2

2.接着，向左内侧收前臂，使双方手一错开，迅速回旋使右腕上尺侧部相碰击。（图4–3）

图 4-3

3.然后，双方右手收回抱于腰际，再出左手相互靠击。动作与右手相同，唯姿势相反。（图4-4、图4-5）

图 4-4

图 4-5

二、碰肘

1.紧接上动，左手收回腰间，两手叉腰，使两肘左右分张；随后，双方上体同时左转旋，使右肘尖随势在身前相碰。（图4-6）

图 4-6

2.上体回旋右转，使左肘尖在身前相碰击。（图4-7）

图 4-7

三、格腕

1.紧接上动，上体向左旋转还原位，随即双方右手伸掌从右下向左上划格，使前臂尺侧相格击于额前上方。（图4-8）

图 4-8

2.接着，右掌收抱腰间，左手伸掌从左下向右上划格，使左前臂尺侧相碰击于额前上方。（图4–9）

图 4–9

四、踹脚

1.紧接上动，双方收回左手于腰间，两手叉腰；随后，上体左转，左脚收于右脚掌内侧，脚尖点地成左丁步，头左转注视着对方。（图4–10）

图 4–10

2.双方同时用左脚震步，随之向前成低踹脚，使双方脚掌侧在中途相撞。（图4-11）

图 4-11

五、臀打

1.在双方脚一撞之际，迅疾向对方右后侧地面落步，右偏身重心落于右腿屈蹲，左腿伸直成左仆步，头左转注视对方。（图4-12）

图 4-12

2.双方同时右脚蹬力起身，左臀部向左猛一撅，使双方左臀侧相碰撞；同时左手屈肘向右侧收，右手叉腰不变。（图4-13）

图 4-13

六、转身

1.双方臀部一打，迅即收胯夹裆，右转体，右脚向右侧方收，摆开一步成马步桩；同时，右手随侧身之势向右下划格，使双方右前臂尺侧相靠；此时双方正好互换了位置。（图4-14）

图 4-14

2.收回双掌，抱置于腰际，四目相对。（图4-15）

此即为六合靠练完了一遍，第二遍练至收脚成丁步时（即第四合）改成收右脚成右丁步，这样就能使身体另一侧也得到锻炼。

图 4-15

【注意】

1.初习此功时，动作应柔缓些，不要过度用力相靠；在练至双方相靠击不觉疼痛时，方可逐渐增加靠击力度。

2.相碰靠时，以腕、臂部桡尺侧相击，不能以腕内侧脉部相碰，以防发生伤害身体。

3.在相靠出现疼痛时，可吐口水于掌上进行对局部按揉，早晚用热水敷。也可用“十八硬功”中介绍的外洗药洗臂腕。

第五章 硬功十八绝

拳谚曰:“打拳不练功,到老一场空。”武功是拳法和功夫的统称。从古至今的武术家,莫不是拳腿精而功夫深的。现在习武者,往往偏习拳而不练功,或者练功不习拳。这样,偶逢强敌,虽拳腿精却难制敌,或功夫好却难伤敌。所以,凡练习武术者,除练习拳腿之外,尤须要注意各种功夫的修炼。拳腿为动作之应用,而功夫则为拳腿的根本。拳与功应相辅而行,拳以功充实其力,功以拳而致应用,相得益彰,方可克敌制胜。

功夫大致可分为二,即内功和外功。内功主练气,趺坐习静,与古时道家之导引术相似,即所谓以静制动之法。外功主练劲,必须达到能将力周行全身而无所阻碍,又可随意运用;这时力道充沛,筋骨强健,皮坚肉硬,说刀枪不入虽有夸张,但跌打的功夫到此确已练成也。

就外功而言,又大致分为二:软功和硬功。软功之练习较难,练成者均为阴柔之劲。练成此功者,从表面视之与一般人没什么异样,试用拳或器械攻之,打在身上就恰如打在败絮之中,不容易被敌损伤;若他用拳反击时,拳不及身而对手已告倒地,可见阴柔之劲是很惊人的。所以,软功也被称为阴功。而练硬功者,则全身筋棱肉绽,完全显露于外,别人可一望而知。练硬功比练软功容易些,而练成以后,功用与软功也相等。所以,愿习练硬功者比较多,练成后,若遇拳械相击,只需一蓄力,则不及反扑而出,或者器械折断。

外功精深,则身体必然十分强健,疾病不能侵,风雨寒暑不能残,此时再施以灵妙之拳腿,互相为用,才能无往而不胜。

气功是我国人民长期与大自然做斗争过程中,总结整理,提高而逐渐完善起来的一种防病治病,保健强身,益寿延年的锻炼方法。智慧的中华民族早在几千年前,就开始探索人的生命运动规律了,在商周初期的铜器上,有些图像十分生动地描述了古人做“气功”的各种姿势。人类要生存下去就要运用人的自身机能去战胜大自然给人类的种种考验，以适应千变万化的大自然环境。人类除了利用大自然的各种有利条件保存自己以外，还要使人的机体适应大自然给人体造成各种困难，痛苦和磨难，这就是使人类认识抵抗疾病侵袭的自身保护的重要性，并提高防病治病的自身锻炼能力。例如：人在劳累时，会不自主地打哈欠，要求休息或睡眠，以消除疲劳；在疾患痛楚时会发生呻吟，以缓解疼痛；在劳动时，会发出“嘿”声以助力；在饥饿时会要求进食等。同样，当天气寒冷时，人们会坐在避风向阳的地方取暖，坐的姿势自然会将伸直的手臂紧缩靠近躯干，两手放在小腹（后来称丹田）上，并将口自然闭合，以利保暖。在空气稀薄处，自然产生了深呼吸，久而久之，腹式呼吸形成了。静神定坐后，当会感到精力充沛，身体舒适。人们从这些活动中领悟到这是一种有益于身心的做法，从而进入到有意识的锻炼，并从中总结了多种多样的方法。人们在古老的吐纳导引、行气等方面的基础上，不断地完善提高，更演变成了今天的气功。

中华武术几乎是与气功同时产生的。在气功的基础上加入武术内念称之为武术气功，它是内练精气神、外练筋骨皮的有机结合。通过长期地吸气、吞气、聚气、运气、闭气、崩气，并配以身体外部的运动、揉磨、拍打等一系列动作锻炼之后，使体内劲力在意识的指导下而强力集中，并可使这股强大的劲力从身体的某一部位向外爆发出来而产生极大的冲击力，或者承受巨大的压力，以及忍耐住尖锐、锋利物体的刺击；如掌指可以断砖碎石，头可撞断石碑，腹部承受千斤而处之泰然，铁枪刺喉而不伤，铁棒击身而不损等这类则称为武术功夫。

至此，武术功夫就是以气功为基础的，不是专凭蛮力练就的“功夫”，蛮练虽有一定硬功，但远不如练武术气功者功夫高深，而且还会使筋膜肌肉僵硬，日久成痨伤而损及身体。

拳谚曰：“内练一口气，外练筋骨皮”。凡行内功，多要借助外部形体运动的辅助，由内到外通达，内里强壮外面就不会不坚实。行外功，大多要凭借内里的资助，行功时间长久了，外面的形体固然强壮，而内里精气营养物质则必然有耗伤。大凡丹经介绍修道的方法都有内外动静的功夫。外部形体之运动是为了通过经络关窍的疏通而联系于内，从而以内气导引的，称为内功；由内气导引于外指导外部形体运动的，称为外功。如果仅重在外部形体运动而不过问是不是能通经络关窍与内气发生联系，而这“通和联系”对内气的调养是好还是坏，这是道功之外的外功，是外功之外的外行功。如果单求对内的调养，而不兼及外部形体运动之法，这又是内功中外行之外行的功夫。即是内外结合，行功达到骨节灵通，气息调匀，饮食增多，精神倍出时，修习内功、外功的兼及分量就当有辨别功夫层次的高低，是讲道、是落俗，也就在此时判别。

武当流通门武功中，特别注重内外兼修，在门内秘不轻传的十八种硬功绝技中，必须内外兼修才能达到预期的目的。首先以洗髓经和十二大劲（易筋经）作为根基，在这十八种绝技练成之后，再应用于技击中去可以说是无坚不摧，战无不胜。

第一绝　浑元铁头功

浑元铁头功是流通门秘传七拳硬功之首，是本门历代先师总集中医、人体解剖、保健、防护、技击、硬功为一体，精研磨琢的结晶。

一、头功内壮

古人云：“低头弯腰，气注四梢；任其蛮横，终为徒劳”。练习铁头功，必须以内壮为基础，由内达外地修炼方可成功，否则，自伤其身，实为不可取也。

1.气冲云霄：两腿横开与肩略宽，两脚平直，脚尖稍里扣，双手下垂于两大腿外侧，掌心相对，掌指向下，下颌微收含，百会上顶，扬眉怒目，眼视正前方，气沉丹田，精神饱满。（图5–1、图5–2）

按顺呼吸法，鼻呼鼻吸，意念集中于脐下丹田处。

2.接着，两腿膝微屈蹲，足趾抓地如生根，双目怒视前方，舌尖紧舐上腭，采用逆腹势呼吸法，吸气时胸部自然挺起，腹部内收；然后将全身之气力集中于双手，双手如负千斤重物，由腰两侧缓慢向头顶上方托举，两脚跟离地，脚前掌撑地。同时，以意领丹田气上达于头部之百会穴，两眼随双手瞪视天空。（图5–3）

3.双掌猛握拳下拉至肩平，脚跟落地，屈膝蹲成马步；同时，头往上顶，如顶下塌之天，切齿怒目，鼻发“哼”音将气喷出，喷气与动作一致。（图5–4）

此势动作反复操作49次后，即可进入下一势练习。

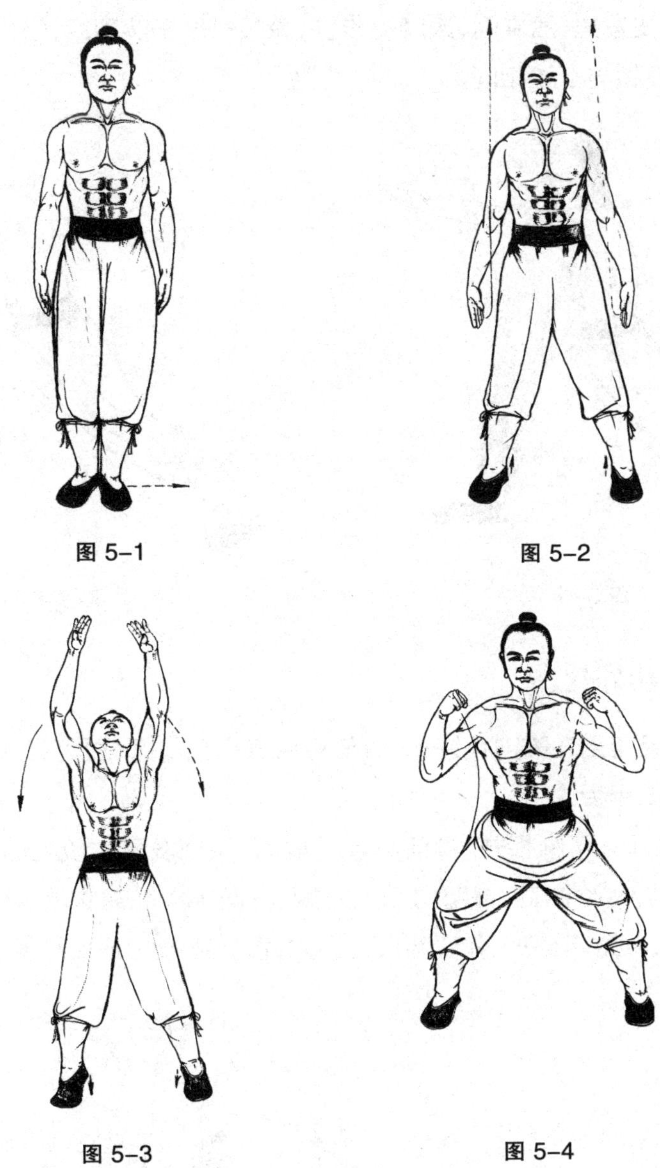

图 5-1　图 5-2　图 5-3　图 5-4

4.把气贯顶：左弓步站立，头略低，两掌先抱于腰间，调匀呼吸，然后左掌下落于左膝上。吸气，同时，右掌向前缓慢伸出，意念气贯于右掌和头顶百会穴，目怒视右掌。（图5-5）

5.接着，翻掌由前向后抡起拍击头顶之额头以上发际；同时，头用意前顶，鼻猛发"哼"音以迎击右掌的拍击。（图5-6）

然后换左掌拍击头顶，左右交替进行，用力要由轻渐重，以达按摩作用，共做49遍至头皮发热、发麻时，改蹲马步桩，深吸气聚于头顶后，闭气左右掌连续拍击49次，要领与上述相同。

图 5–5　　图 5–6

二、头功外壮

铁头功经过上述的内壮练习，可随意将气引至头部，更可进入外壮。外壮是增强头部的承受力量。

1.铁牛拱地：两脚相并，脚前掌点于地面；头顶发际中段处着地面以支撑身体，颈梗直，两膝伸直，臀部向后上方撅起；两手离地握拳反置于腰背上方，舌舐上腭，双目微闭，意念守住头顶百会穴，自然呼吸10～30分钟。（图5–7）

图 5–7

2.牯牛抵墙：面向墙壁开裆而立，弯腰成90°，以头顶抵墙壁，两掌自然下垂。（图5–8）

3.吸气，双臂屈肘向体后缓拉至双掌成爪于胁腋前时停住。（图5–9）

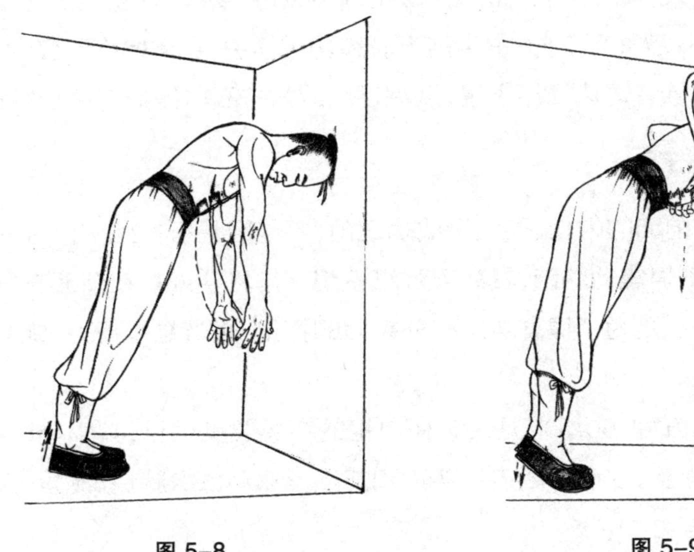

图 5–8　　图 5–9

4.喷气，头向左拧，双掌迅速下插。（图5–10）

图 5–10

接着，吸气，正头颈的同时，双臂屈肘向身后缓拉，与图5–9相同；再喷气头向右拧，双掌下插。方法要领与左拧头相同，唯姿势相反。此势动作共做50次。

【注意】

吸气与屈肘、手臂后拉应同时进行，吸气要缓，并要吸满；喷气时头颈最后拧约90°，同时双掌平行下插，掌尖向下。练功过程中，身体始终不变动，头一直顶住墙壁。初练者可选择泥土墙，以后逐渐改为砖石坚硬的墙壁顶触训练。

三、头部排打

头部排打在前面的内壮、外壮没成功之前，不能轻易行作此法。因为头部要穴密布，稍有不慎震动脑髓，其后果难堪设想。排打头部是在前面三段练习的基础上进行的。是为了提高头部抗外来力的打击，也就是承受力，练习时也需分步进行。

用一条一尺五寸(50厘米)长，茶杯口粗的布袋装满绿豆，其中拌以花椒；吸气吞咽，顶气上头，双手持袋击打头顶和前额。然后依次脑后、额角、面侧颈部。（图5-11～5-14）

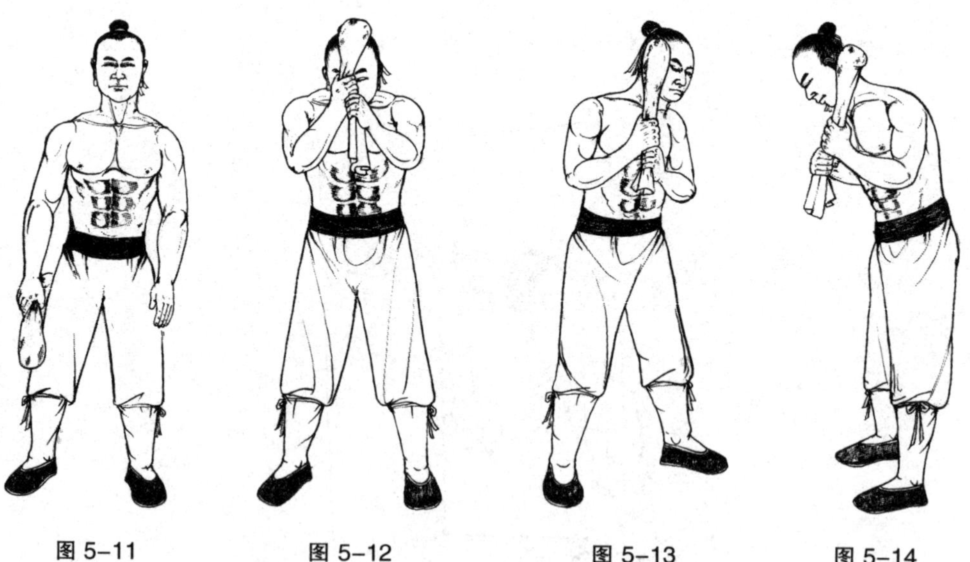

图 5-11　图 5-12　图 5-13　图 5-14

拍打之时一定深吸满气闭气后，气运到头顶后再拍打，呼气放松后气归丹田时停止拍打，然后再闭气拍打。如此各拍打500下(此数可由少至多)。以后随功力增进逐渐换为铁砂袋猛击头部而毫无痛感时，铁头功成矣。

【注意】

拍打头部，起初可用藤条，逐步改为木板、木棍进行，由轻至重，不可盲目追求，欲速则不达。每次拍打至头顶部出现热、胀、麻、微痛感时为宜，做到意到气到，劲到势到的方法。

四、注意事项

1.头功是运用内气以声抗打的秘诀，经层层磨炼而成。习此功要循序渐进，功到自然成，切忌盲目蛮练，伤之脑髓，终身残疾甚至殃及性命。

2.硬气功是在节制性生活的基础上练成的，人的精气既要从练功中产生，但很重要的一条是要注意身体本身能量的积蓄，二者缺一不可。练好铁头功的目的，是要使人强壮威武，若失精元，在武林中称为“溜骨髓”，脑为髓之海，如不节制，功难练成，反亏性命。练铁头功在未达到头顶可劈砖时，不能过性生活。

3.时间与场地的选择，一般来说，练功的时间若一天两次的话，应选在早晚，以早晨辰时与晚上亥时为宜，假如选择其他时间也可，但最好要每天固定练功时间，以便利于身体建立条件反射。地点的选择除要找一堵硬墙壁以外，还要选择安静固定的场地，练功时不能有外来干扰。

4.头功的练习，必须配合药功作辅助，如无药物更不能练习铁头功。因为在每次的练功中，都有或多或少的损伤和消耗能量，如不给予治疗和补充，天长日久，更成疲劳陈伤。

五、铁头功用药秘方

1.外洗方：土鳖虫、乳香、没药各12克，当归、骨碎补、刘寄奴、打不死、桃仁、透骨草、王不留行、丹皮各10克，黄柏、红花、皂角各6克，生姜15克，葱7根，水、酒各半，醋100克。煎水于练功前后洗头部，可达到健脑防伤之用。

2.铁胎丸：人参、生地、刺蒺藜各250克，白术、黄芪、杜仲、续断、茯苓各400克，甘草200克。

将上药用酒炒枯研末，加蜜炼制成丸，如黄豆大，外以朱砂为衣，存放瓶内。每天练功前15分钟时吞服12粒（约9克），用白开水送下。行功的时候药力运功，内助气血壮旺，外助揉摩排打，内外相应则成功快速且功效好。

第二绝 玉颈铁喉功

喉功是每一个习武者必须注重的功法之一。拳谚曰:“上打咽喉,下撩裆,左右两肋中胸膛。”这更具体地证明咽喉是人体最受关注的薄弱部位,也是技击中最易被攻击的部位。要想此部不被敌所攻击,必须练好铁喉功。

在练习喉功之前,必须详细了解咽喉部的结构、要穴,以内气为主,循序渐进辅以外壮,功成后不但能抵抗敌之指爪锁喉,而且还能抗击敌之刀剑穿喉的惊人功夫。

一、拇指顶喉

1.习者右手握拳成冲天杵状,拇指指腹贴于颌下软腭。(图5-15)

2.吸气时收缩颈喉结;同时,拇指贴颈前正中线,稍用力内按向下捋划,经喉结至喉凹陷处,天突穴微上,正当胸骨甲状肌处。(图5-16)

3.然后用鼻猛喷气,恢复成图5-15势,再续做图5-16势的呼吸动作。喷气一口为一次,反复操作36次。

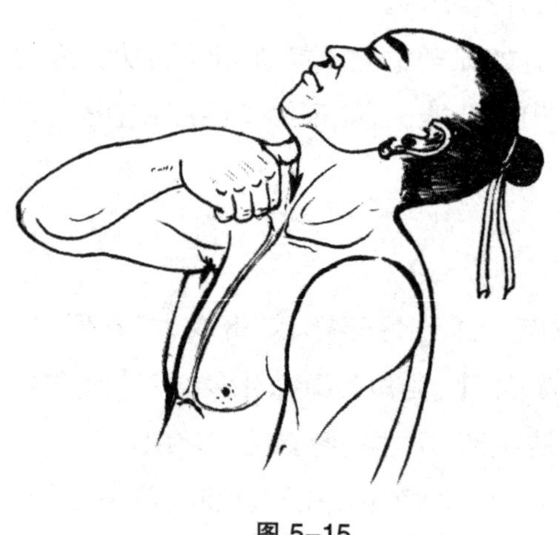

图 5-15

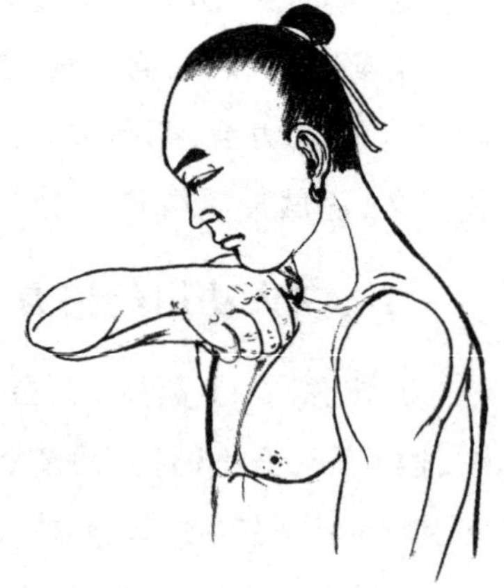

图 5-16

二、木棍顶喉

1.用一端粗如大指,一端细如小指,长20~33厘米的木棍(小的一端磨圆或用竹筷两根均可),将细端轻触抵于咽喉凹陷处,粗端以左手掌心抵住,右手覆

盖左手背。（图5–17）

2.用鼻吸气；同时，收缩颈喉。然后用鼻猛喷气，两掌同时用力内按，同时伸颈紧喉。（图5–18）

然后恢复成图5–17势，再做图5–18势的动作，反复做72次为宜。

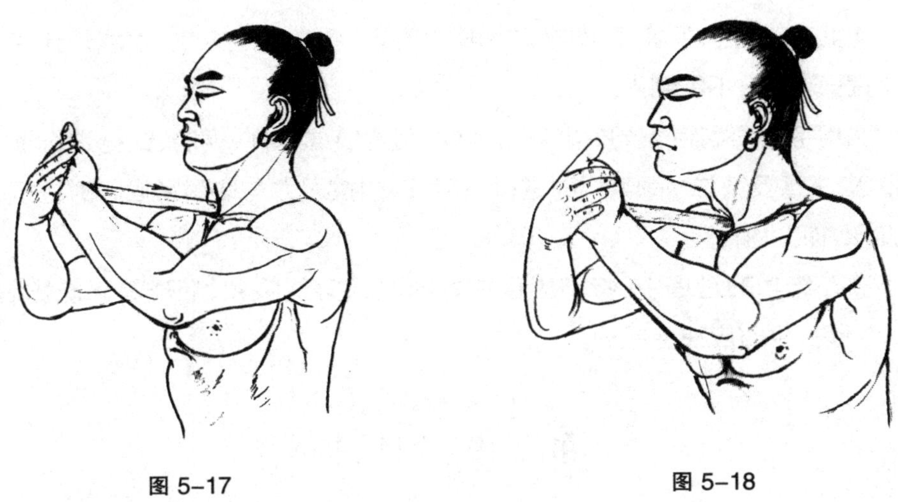

图 5–17　　图 5–18

三、木杵顶喉

习者用与自己身高的木棍一根（或钢筋），直径约8厘米。一端抵墙根处，一端抵喉凹陷处，小开步直立，吸气时缩颈喉带棍向上，鼻喷气时伸颈紧喉带棍下压。（图5–19）

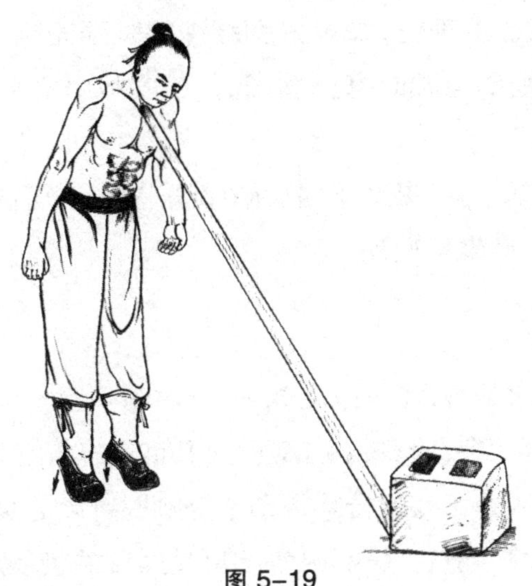

图 5–19

反复练习108次，半月后换直径1厘米，长2.5米钢筋一根，一端抵墙，一端抵喉，深吸气一口闭住，身体用全力向前下压，然后收回，直至能将钢筋弯曲。最后易以枪尖，反复操习。

四、注意事项

1.此功不可急于求成，咽喉乃人身之要害，应先练足内气，才能外壮练习；本功适于防御，不能制人。

2.用手指顶喉练习至少半月后，才能用竹筷或木杵、钢筋、铁枪进行练习，同时应注意吸气与缩颈喉同时进行，喷气时内按之力与伸颈紧喉同时进行，喷气时要缩肛提阳。

3.在练功的过程中，特别应保护好咽喉，感冒、咳嗽、咽炎等都能妨碍练功。所以，平时应注意保护。

第三绝　铜镜护心功

拳谚曰:“钢身铁骨心窝软。”古代练功家有练“铁裆”“狗眼”不畏击打之专法，唯心窝之处难寻练功之专法。心窝，即所谓“死穴”剑突部位，其间密布膻中、鸠尾、华盖等要穴，内及心脏，平常人几乎不能承受任何力量的冲击，稍重即觉痛胀，心闷难受，重则可致当场下蹲吐血倒地直至死亡。此处是在实战搏击中最易受到攻击的部位，如果把胸膛练得坚硬无比，好像戴上一块护心镜，任你拳打脚踢枪剑点戳而毫无痛感时，于实战中更会毫无顾忌地去攻击敌人了。

在练习心功之前，必须借助于内功循序渐进，切不可蛮操硬排，稍有不慎，便会留下终身胸痛、咳嗽等残疾。

一、心运阴阳

备与自己膝高之茶几，篮球或皮球一个(古时多用木球)放于桌面，开步站立于桌前，吸气吞咽闭息，俯身将心窝压于桌面的皮球上。(图5-20)

借身体重量为压力，双腿转膝带动上身顺时针以心窝部揉球，气闭不住时，身体起立张口发声吐气。然后吸气闭息又揉压球，反复练习顺逆方向各揉

36圈。再借本身体重压力，上身稍前后来回移动揉压球，以及一压一松，反复做36次。

图 5-20

【注意】

1.咽气后操作心窝部顺逆时针揉球，交替进行，左右各揉36次。心窝部压球前后滚动，左右滚动，起落压球72次，共计咽气心窝部做108次。意念停于心窝（中丹田）部，咽气闭息时间不要过长，要在留有余气时吐气。

2.平时不练时，可用手心轻压球在心窝部揉动，同时练“养功”：以鼻深匀吸气至满，用左（右）手的食中无名指并拢成铲形，在心窝前轻度用力插撞心窝部，同时配合鼻短促喷气，喷气与插撞应配合得当。过几天后，更换为屈指成巴子手磕击，动作方法与指插相同。此法可达到俯身压球的辅助之法而为下一势的训练服务。

3.随着功夫进步，以后将橡皮球改为木球，继之改为铁球。凡在换球后，即增加排打项目：开档站立，左右手各握手袋（初始内贮绿豆，逐渐易为铁砂）一个，左右平伸，吸气闭息，咬牙切齿，同时两手合拢排击心窝部，配合喷气一口，攻击72次。

二、护镜上桩

上势动作练习月余，便可进入此势训练。

用鸭蛋大小铁球一个，焊接在一钢管上，下面底座装一个小轴承放于地面。心窝顶在球上，先吸气闭息，然后双手握住心窝球杆，身体慢慢旋转，两手用力握住钢管。初始可一脚点地，待时日长久，手脚悬空，只靠心窝部支撑而旋转。日久功深，直至达到铁球换成铁叉而毫无损伤，心窝功即告成矣。

三、霸王顶弓

此势是强化型训练之法，此种练法不但能训练心窝，同时还能训练头顶、印堂、咽喉、丹田、掌指等部位，是流通门木人桩训练法中的一种。

制作方法：用直径5寸、长6尺圆木一根，在全长六分之四处打一个直径约为2寸的圆孔，横穿铁条一根，铁条的一端焊接鸡蛋大铁球一个，另一端焊接成叉形。在圆木的另一面横穿一孔，用楠竹片制成一个竹弓，将铁条的叉端挂在竹弓的弦上。再将圆木固定在地面，然后便可进行训练了。

马步桩站立于铁杆球前，调匀呼吸，运气于胸部，调息将心窝部抵住铁球，同时配合鼻发“嗯”音，进步前抵力，将竹弓撑圆，然后退步松弓呼气。接着继续前法练习，此势据体力而限，如果将铁球易枪尖并能将五股拉力器抵满为功成。

如果上法用具不易备足时，可用一简单之法练习。备圆木棒长约与自己身高，一端抵于心窝上，另一端抵在一根约直径7厘米的松树（或柏树，即有弹性的树干）干上，以吸气后的喷气动作进行抵推练习。（图5-21）

图 5-21

四、注意事项

1.心窝是人身最薄弱点，硬功中最为难练，练习必须逐步加功，急于求成，最易伤身，希望习者慎之，慎之！

2.平时不练习的时候，应多加按摩拍击心窝部，以助气血之畅行，如果练功中出现胸闷、心悸时，可配合药物治疗，练习吐纳呼吸。并可在练功前后服用“铁胎丸”（见头功）达到内壮气血，外壮排打之效。

第四绝 桶子铁肚功

武林中所称的铁布衫、金钟罩功法，大都是针对腹部而言的。其意是胸腹如穿铁衣，任凭重击而无伤的功效，是武术搏击中必备之功法。

练习之时，要先以内壮为主，既以外壮排打，功成之后威力无比，其中不但能抵抗拳脚刀棒的攻击，而且能借助内力将敌拳掌吸住，放力反弹可将敌崩出，或折断其械，其威力是难以形容的。

流通门中的铁肚功，是专指胃脘以下至小腹（裆以上部位），而同时能将两肋、腰背、上胸都练及。其方法之独特，效果之宏大，是其他拳派中少见的一种上乘功夫。

一、吞气入力

自然站立，入静意守下丹田，两掌轻贴于胸旁；匀缓吸气的同时，两掌贴身向下腹部轻轻按推，小腹随之自然凸出。当手推近下丹田的时候，嘴往前一伸又往后一缩鼓腮帮，同时舌尖向后卷，把口水送到舌根部位，舌舐上腭，用喉头将口中津液及气吞入丹田。并闭目内视吞气过程，最后意守住丹田一会，反复做此动作36次。

二、气壮丹田

双手叉腰站立，用鼻深吸气，意引气从人中穴内转行百会转于中脉直灌膻中穴，猛发“嘿”声，声出意到随而力到，同时把膻中穴中的气继续用力意压入脐下丹田，把腹部鼓胀壮实。还同时意想腹部正迎接前方击来的重拳。然后闭气，叉腰手变为勾手平胸部，与肩同宽，推手的同时，意想腹部前后左右都继续向外扩张，并正在承接多方的更沉重的击打力，直至臂伸直为止。然后呼气放松全身，双勾手变掌缓慢下垂。再叉腰，共做108次后，稍事休息，再接练下一势。

三、饿虎伸腰

1.练功前，两脚分开自然站立两掌贴腰，两拇指分开护住肾部，上下按揉36次。然后，坐在预备好的木凳（或石墩）上，两腿自然伸直，双脚夹住前面的木桩上以固定身体平衡，上身微后仰，两手握拳平置于胸前，拳面相对，拳心向下。（图5-22）

图 5-22

2.两拳向左右两侧分开；同时，吸气（吸过的气停留在胸腔以上，不要吞下），上身后仰，增大腰腹负荷。（图5-23）

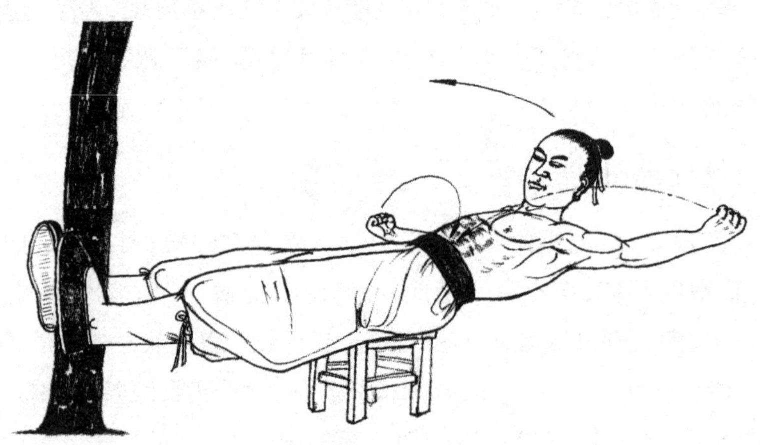

图 5-23

3.喷气,双拳击向腹部。(图5-24)

图 5-24

4.松拳变掌,上收抱于胸前,掌尖相对,掌心对面部。(图5-25)

图 5-25

5.吸气,两掌经面部上收过头顶,转掌成虎口向下。(图5-26)

6.双掌变虎爪状,喷气,双爪猛向小腹前推出。(图5-27)

以上动作连续做36次。此势通过增加腰腹负荷,双手上摆下推,结合吸气、闭气、喷气,使气行腰腹,从而使腰腹长劲,增强抗打能力。

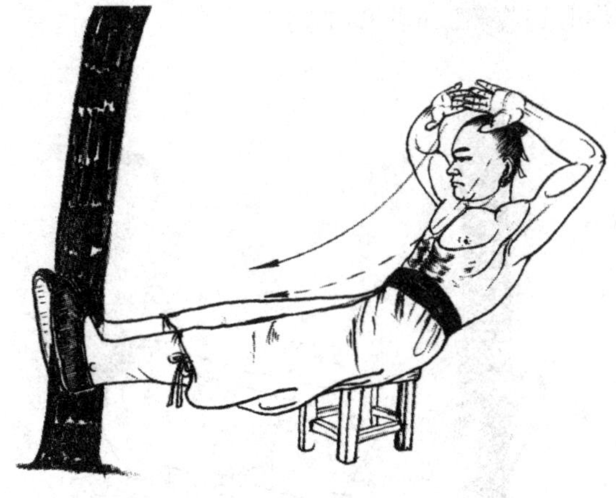

图 5-26

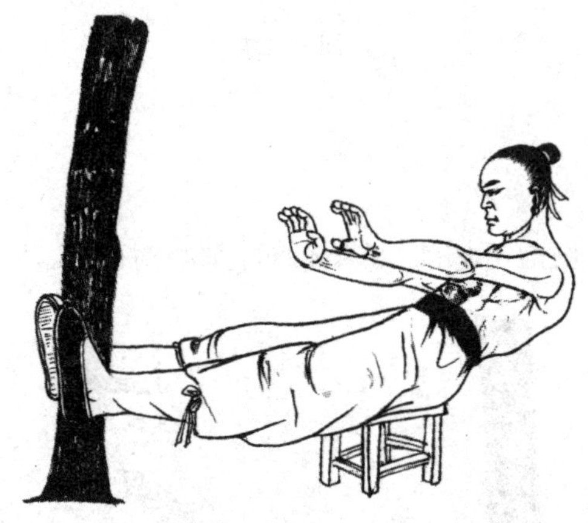

图 5-27

四、夜叉探海

1.备直径约3厘米，长与自己身高相近的木棍或铁棍一根，棍的一端细，习者两脚分立面壁，将棍之粗的一端抵贴肚脐上方两横指部位处，身体尽量斜卧棍尖上。吸气收腹向左上划弧摇体摆动；同时，脚跟微提，两臂则借动势向左向上运动。握拳屈肘上抬成与体约90° ，拳心相对。（图5-28）

2.喷气，双拳猛向前下击；同时，脚震地，肚腹借击拳、足跟震地之力前挺。（图5-29）

反复做上述动作108次。

图 5-28

图 5-29

随着功力的增长，可按“铜皮护心镜功”中的“上椿”和“霸王顶弓”二势的练法进行训练，其要领方法相同，部位各异矣。

五、铁板桥功

用方凳两只，据自己体长距离摆放，初将脚后跟搁在一端，另将头后脑搁在另一端，腰身全部悬空，周身挺直成桥状，然后在腹部放一石锁或石板，两掌紧贴于大胯两侧。

姿势摆好后，即调匀呼吸，意守下丹田，吸气时小腹凹陷，呼气时小腹凸起，据体力而限时间。然后据功力增长，腹部逐渐加重，横卧时间延长。此势之练习法对人体全身的劲力有相当大的帮助。

六、金刚捣肚

这是捶练桶子铁肚功的进一步功夫，是在前面几势功成后的强化训练。先用掌拍、拳击不够需要时，改用药袋、沙包、木棒、铁棒，先排左侧，继排右侧，先轻后重，排打时要配合鼻喷气。（图5-30、5-31）

图 5-30

图 5-31

日久皮坚内腑强壮，习者再马步站立，一人手持木杵（两端粗而圆，中段小，即古时农家常用的石臼舂米用的木杵），撞击习者丹田，配合喷气，坚持练习，直到猛冲猛撞而习者身不摇晃，不觉痛痒时，本功告成。

七、铁肚丸

刺蒺藜、茯苓、白芍（火煨酒炒）、熟地（酒制）、甘草（蜜炙）、朱砂（水飞）各300克，人参、白术（土炒黄）、当归（酒制）、川芎各60克。

上药共研细末，炼蜜为丸，重约3克，每次服一丸，淡酒送下。此方乃铁肚丸之专方，凡练桶子内壮者，必外资于揉，内资于药，每于行功之揉劲与内之药力两相近凑，乃为得法。同时，可用铁胎丸代替此方。

第五绝 铁肋功

铁肋功属于桶子功之范畴，一以内气为主，兼以外壮之功法。人体胁肋相当薄弱，又因此部无肌肉保护，特别是腋窝，内气是难以运到的。拳谚曰："两肘不离肋，两手不离心"。更具体地说明了在技击中要时时注意保护两肋。而在武林界中，专门从事肋功练习之法实为罕见。

一、仙人作揖

1.两脚并步而立，身体伸直，两掌叉指置于左大腿外侧下，掌心向上。吸气至满。（图5–32）

2.喷气，两掌上翻向头顶上方天托举，仰面目注掌背。（图5–33）

3.快速吸气后，喷气，两掌下翻向左脚旁地面下撑，两膝伸直。（图5–34）

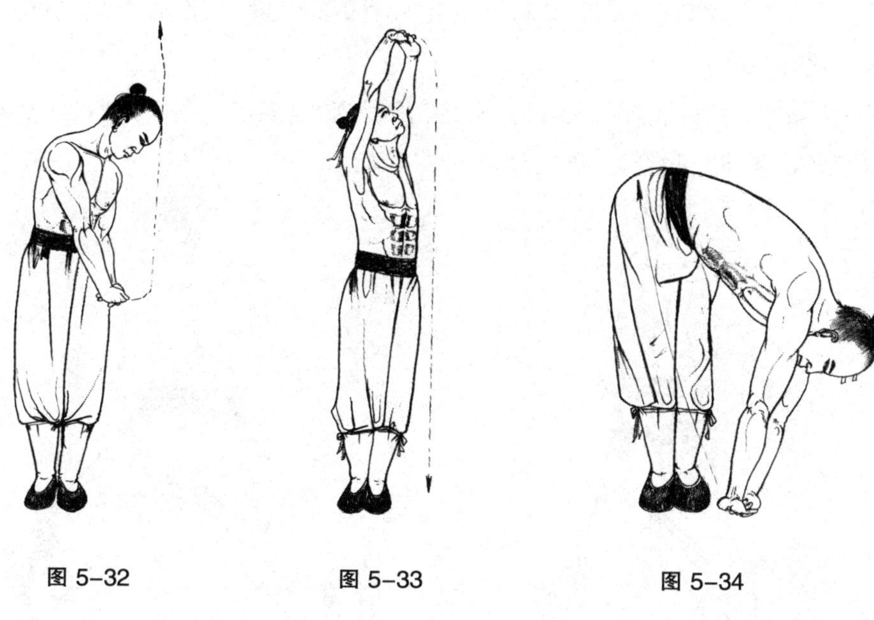

图 5–32　　图 5–33　　图 5–34

4.然后起立，收手于右侧肋下，按上述方法作，动作相同，唯姿势相反。左右各做36次。（图5–35 ~ 图5–37）

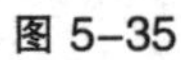

图 5-35

图 5-36

图 5-37

二、气壮两肋

1.两脚摆成开裆步直立，双手自然下垂至大腿外侧；平心静息，全身放松，然后双掌分别从大腿两侧慢慢向小腹部上提（掌心向内），至下腹部，两掌变拳，左掌在内，右掌在外交叉后慢慢上抬至头顶。同时，配合鼻均匀细长的吸气。（图5-38）

2.喷气，两手分别向左右划一大弧，双肘猛收撞击两肋，拳心向上，两上臂内侧夹紧腋、胁、肋部。（图5-39）

图 5-38

图 5-39

如此操作36次。

三、腾膜固肋

1.双掌相抱贴，左掌在下，右掌在上，掌心劳宫穴（男左女右）自然按在丹田上。（图5–40）

2.左掌从丹田部向胸部上提，意念随左掌由丹田向上经胸前上提到左臂至左掌心，左掌继续上升伸直，掌心托天。（图5–41、图5–42）

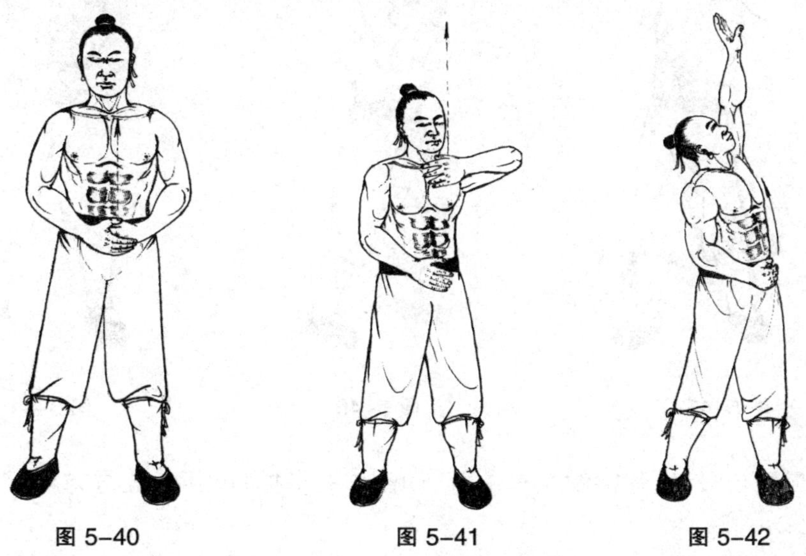

图 5–40　　图 5–41　　图 5–42

3.鼻吸气，右掌从丹田经左肋、左胸、颈部、右胸、右肋至丹田，如此反复运转3圈，意念随右掌劳宫穴转。（图5–43、图5–44）

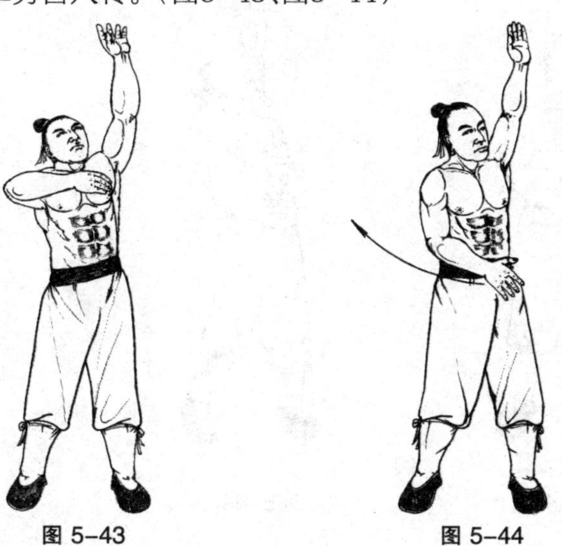

图 5–43　　图 5–44

4.右掌屈指握拳向左肋上部往下拍击至丹田，共12次。（图5-45、图5-46）

5.右拳变掌，掌心贴在丹田部，左掌按原来上行的路线下行，回到丹田部压在右掌上，调匀呼吸。（图5-47）

图 5-45　　图 5-46　　图 5-47

6.鼻配合吸气，开始做左拳拍打，动作与右拳拍打相同，唯方向相反。（图5-48～图5-53）

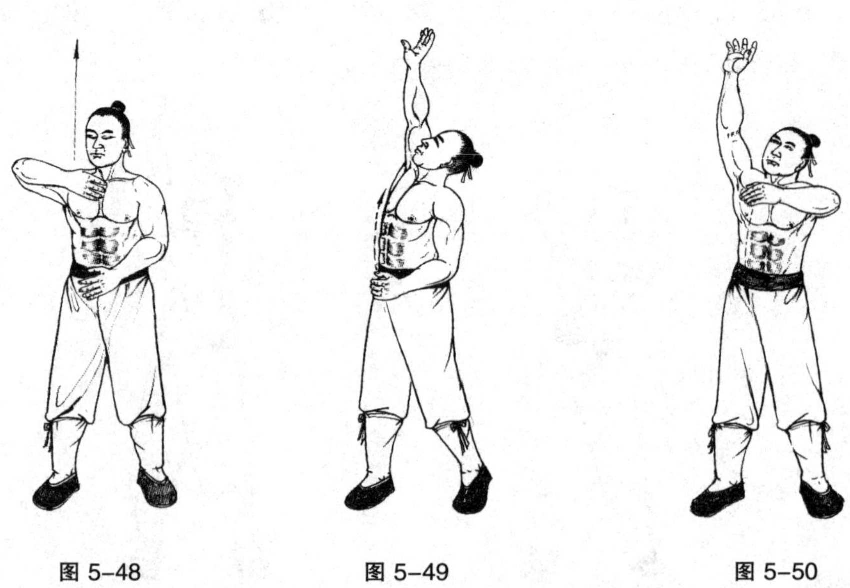

图 5-48　　图 5-49　　图 5-50

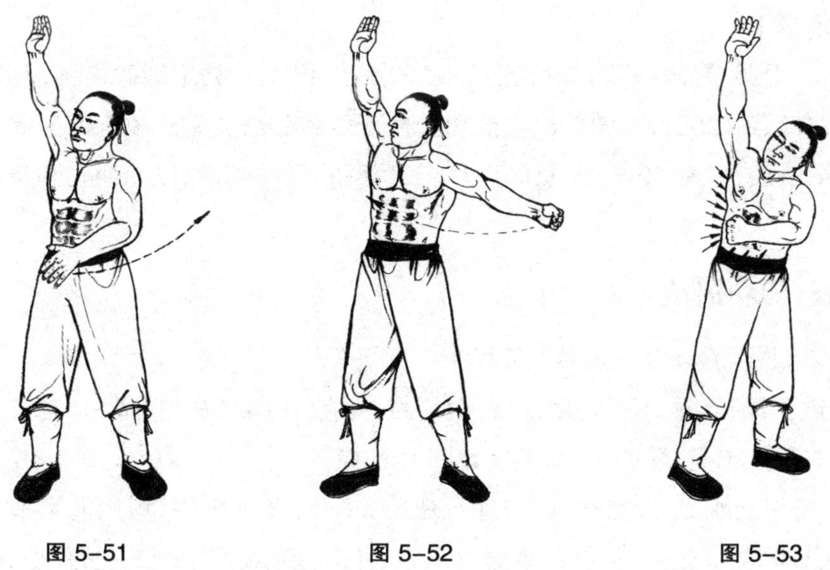

图 5-51　　图 5-52　　图 5-53

四、排打护肋

开裆而立，运气于肋，左右手各持竹刷把一个，吸气吞咽闭息，右手刷把击左肋喷气一次，然后左手刷把击右肋，方法相同，左右共行108次。

进行揭皮功毕，随后是易竹刷把为铁丝把、沙袋、木棒、铁棒等进行对两肋部排打。（图5-54、图5-55）

图 5-54　　图 5-55

每次排打至双肋发热、麻、痒痛为止，功后必须用药洗肋胁部。

【注意】

两肋虚弱，易被敌攻，先行练气，随之外壮，以上几势不能颠换练习，喷气与排打必须紧密配合，做到以声抗力。直至两胁肋任凭拳脚攻击而无痛感之时，可用一条重75~150千克长筒形沙袋，用两肋交替夹换，以助两胁肋及臂之劲力。

五、药功秘法

1.内服“铁胎丸”(方见“铁头功”)。

2.铁甲汤：乳香、没药、嫩桑枝、落得打、牛膝、血竭、五加皮各50克，三七、陈艾、木香各30克，灶心土(又名伏龙肝)100克。

上药用清水1.5千克煮沸后，加入白醋1千克，掺入药内，再用韭菜根研汁500克，和药贮瓦壶内，封严不令走气。每天行功后取药汁半碗，兑开水一碗进行对两胁肋揉洗，这样可以强化功力，活血行气，消肿止痛，壮内坚骨之效。

第六绝　金龟铁背功

铁背功为硬功外壮，属阳刚之劲，专练背部，使之坚实，与护心功、铁肚功、铁肋功等效用相同。几种功夫同练便成为金钟罩铁布衫功了(注：传统门派中有将背功称作铁布衫功夫的)。此功用以御敌而非制敌之术。人背之上部骨骼紧凑，练习较易，而腰部两肾之空虚软档，练习者实难，须于软档处下一番苦功。首当内行以气助之，外以排打方至功成。

一、贴背靠墙

1.离墙约两脚之距离，背对墙壁开裆而立。吸气，同时双手放松合抱于胸前，屈膝下蹲成马步，准备发力。(图5-56)

2.喷气同时，两脚蹬劲，背部向后猛靠墙壁，双手左右展开与肩平以作辅助之力。(图5-57)

以上动作反复操作36次。

3.两脚收拢成开步直立，左脚尖向左摆，上体左转约90°，右脚提跟，右拳屈肘向左提至与鼻平，吸气至满。(图5-58)

图 5-56

图 5-57　　图 5-58

4.两臂立肘抱肋合力，背部撑圆紧，口吐“嗨”声，体猛右转，背部靠墙壁上。（图5-59）

5.接着，右转体吸气、靠壁，动作与图5-58、图5-59相同，唯姿势相反。（图5-60）

以上动作练习36次。

【注意】

吐气与背靠应同时进行，靠背时初宜轻，以自己感觉能承受为准则，切忌粗鲁硬拙而震伤脏腑。背撞墙后，稍停一会，不要一撞即借反弹之力离墙壁。选择墙壁要坚实，不然功力深厚则易把墙壁撞毁。

图 5-59　　图 5-60

二、铁甲护背

每日起卧之前，盘膝趺坐，垂帘静心，凝神养气，以两手按后腰，先向内揉摩36次，复向外揉摩36次，如此为一转。一转之后即以拇指扣住食、中二指之第一节，使其第二节指骨突出，即用突出之处，向腰部软档上环扣之，两手同行，各扣360次。扣毕复摩，更一转后再扣，摩扣各3次。在扣转之时，须默记数次，以便集中精神，无有杂念。

然后进行排击。以长筒沙袋内贮绿豆、花椒，行功运气于腰背，进行左右击之，不可有一落空，初宜轻轻击之，以后逐渐加重。（图5-61）

【注意】

此功练习中，为辅助排打之不足，在不练功时辅以铁背心练习。铁背心的制作法：用如古大洋钱般的铁圈，环环衔接连缀而成，形如背心，紧贴全背，卧时宜贴背卧硬板上，练功后脱下，练功时又穿上，重量由轻至重。

三、气壮肾腰

上法练习之余，以补腰部之不足。两脚分开与肩宽，上身向下弯90°，两手向后托沙包与背同平。两脚不动，上身向左转动，同时用口吸气（口微外凸，上下齿微合，舌尖舐上腭，气流从牙缝、舌根两旁过，产生丝丝的响声，吸进去的气咽不下去）转到90° 左右时，以右手沙包击打左肾区，同时喷气。接着上身向右边转，左手沙包击打右肾区，方法相同。左右各打6次，休息片刻，再打一遍，共计108次。

用药方法可参考腹、肋部功夫的“药功秘法”。

图 5-61

第七绝 双妙铁肩功

拳经曰：“手肘之力赖于肩。”又太极拳论曰：“远用手，近用肘，沾身用靠无处走。”“靠”，主要是沾身使肩的用法，而靠法是不容易练出来的，必须通过长期练习，气练于身，方可伺机使用。在传统武术中对人体七拳的“肩功”很少详介，只有谈到运用中一些具体要求，因为它一方面因为根节技法，靠、滑、撞之能，凶狠暴烈，极易伤人，常会出其不意，攻敌不备，是制胜的妙法珍品；另一方面，也是由于肩的使用属于根节技法。古语言“铁肩担道义，妙手著文章”。所以，需要坚实的拳脚基础，技法纯熟才能运用自如，否则，勉强弄险则容易把身体的空档暴露给对手，弄巧成拙，反而不美。所以，一般书籍很难觅到。

肩部如要在技术运动中使用灵活和发力，必须要用内壮外坚，达到精干深厚，劲力内蕴，圆润笃实。

传统短手所谓的“挨、膀、挤、靠”，用肩打的方法为多数，从七拳实战技击方面出发，每一部位必须练出伤人之器，达到强身自壮而重创敌方。

一、靠法

1.迎面靠：此靠以七寸靠为主，下盘前弓后绷站立。以右靠为例，左弓右绷斜向树桩，似前扑绕缠法，出靠之前，以左实右虚，动势过程中，把蓄势逐圆，在蓄劲完全换成实劲的瞬间，足蹬腰纵劲通背右膀劲贯足，合胯，两臂松柔发劲。出劲时要干脆，不拖泥带水。借发劲的瞬间，腰速拧劲顺原路带回，始而重做此势。此势高低上中下三盘靠击。（图5–62）

2.侧身靠：即是用肩之外侧靠击树桩，以斜形靠击为主。左侧靠为例：下盘以弓步斜向站立，发靠时，另一靠助之；待接触后，突然向稍侧后发劲，右靠同理。此靠外翻发劲之时严防失身法，尽量肩胯相照，胯门要合，两腿蹬力助之。（图5–63）

图 5–62　　图 5–63

3.背折靠：出靠击后背为目的，以斜向弓步型，步凑欲胯出相似，必须旋踝转膀要交叉，外摆里扣，右背折时左膀先松沉积蓄，右膀外翻发劲，腰腿与膀绕缠方向相同，在发劲瞬间，腰腿助之，使劲圆足协调。（图5–64）

4.十字迎面靠：在迎面靠的同时，肩的另一侧突然发劲，谓之补劲。但必须在与树桩之顺势时，补另一侧靠，如果拗势时也可补，但靠劲效果不大。如其不然，务必身法调换，以击树桩之侧面，而后击树桩之正中，其效果不减。在补靠劲的瞬间，必须先击靠一侧，放至蓄势。另一侧贯劲与先一侧同。（图5-65）

图 5-64

图 5-65

5.十字背折靠：此靠基本与十字迎面靠相同，也是为了背折靠补劲，只是迎面靠要正面击，而十字背折靠是以背向击靠。

6.左右前撞肩：开裆站立，面对树桩，吸气一口于丹田，引气沉会阴，过尾闾上督脉至大椎止于肩井。然后右肩猛向前撞击树干，接触时用鼻猛然喷气，意念气布肩部，撞完右肩再撞左肩，左右交换练习108次。

二、摔袋操习法

摔袋也称“人”字形袋，圆柱体长形沙袋，高与人肩齐，上扎口，重60～75千克，作为专门练习“挨膀挤靠”的贴身靠摔的一种方法，重点锻炼双肩的担负力量和爆发劲。

（一）倒法

1.面对沙袋，左手抓住沙袋口，右脚上半步靠近沙袋，上体侧屈，肩部顶沙袋，右手插进沙袋底部。（图5-66）

2.左手用力下拉，右手用力上抬将沙袋扛起。（图5-67）

3.然后两脚向右坐步将沙袋向左摔出。（图5-68）

图 5-66

图 5-67

图 5-68

（二）背法

1.双手抓住沙袋口。（图5-69）

2.两腿屈膝下蹲，背向沙袋。（图5-70）

3.上体尽量前俯，两手用力下拉；同时低头撅臀，将沙袋背起。（图5-71）

4.两手继续向下用力，两脚猛然向后坐步将沙袋摔出。（图5-72）

（三）拧法

1.右手抓住沙袋口，左手撑住沙袋中部。（图5-73）

2.两手继续向下用力，右手抓住袋口随身体后转，将沙袋拧起，目视左脚后跟。（图5-74）

图 5-69 图 5-70 图 5-71 图 5-72 图 5-73

图 5–74

（四）挑法

1.在距地面1米处横置沙袋，练习者屈膝半蹲，左手置于右肩前，右手在左膝旁自然下垂。（图5–75）

图 5–75

2.右腿向前上一大步，右手插进沙袋下面，大臂贴紧沙袋。（图5–76）

3.然后蹬腿拧腰；腰背用力，将沙袋向上挑起向后抛出。（图5–77）

用药方法同前面的肋、腹功法。

图 5-76

图 5-77

第八绝　霸王铁肘功

肘，南方人习惯称为“拐”或“倒拐子”，它是前臂和上臂连接的关节。肘击法即是利用屈肘时向外凸起的肘骨和接近肘骨的臂部去进攻或防守的方法。从力学的力矩概念分析，肘较手更能充分利用肩臂的肌肉力量，因而在贴身搏斗具有速度快，难招架。用于近身搏斗比手脚迅速方便等优点。正如拳谚曰：“远用拳打脚踢，近身靠肩肘膝”及“远使手，近用肘，贴身靠打情不留。”

在学习肘法之前，必须先了解肘的顶、挑、捣、撞、点、盘、斜、里格、外格的运动和运用灵活，更重要的是修以内功外壮，使肘部如铜浇铁铸，达到断砖碎石之功，用于技击，其效可想而知之矣。

一、霸王翻身

1.身体俯卧，用双肘、双脚尖点地，重力主要落于肘尖，全身悬空；吸气入丹田，意念气上膻中直冲两肘尖，一呼一吸共36次。（图5-78）

2.身体左翻或右仰身，以双肘和双足后跟着地，重力主要落于肘尖，全身悬空，呼吸36次，意念方法同俯卧法。（图5-79）

练习一段时间后，以上面两势作为原型，用脚尖或足跟与肘尖同时用力弹跳、前移或后退地进行反复练习至力疲为度。

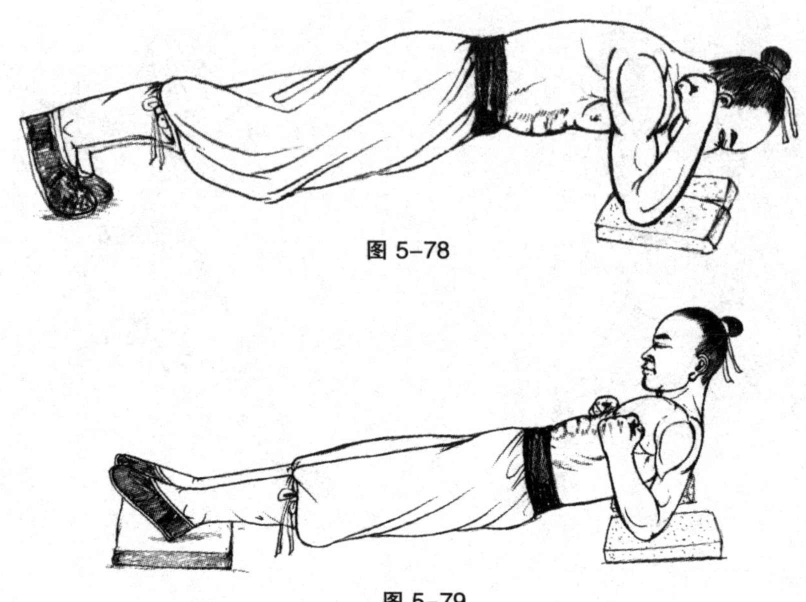

图 5-78

图 5-79

【要求】

1.开初练习以土质松软的地面为宜，逐渐过渡到坚硬的石板地面上练习。

2.时间由短至长，此势练习后，要配合揉搓按摩或以外用药浸洗肘部，其效果会更佳。

二、醉卧牙床

侧身卧地，用右肘（或左肘）支撑地面，拳面贴耳根，右（左）肘触地面时，左（右）脚屈膝支地，右（左）腿伸直悬空。（图5-80）

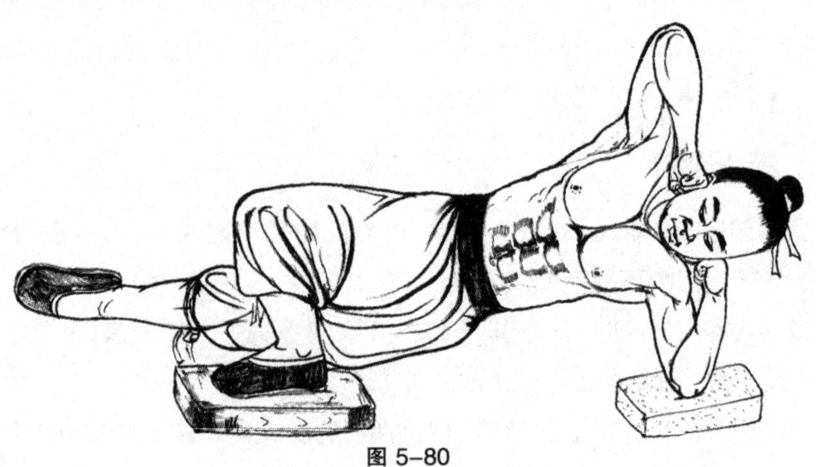

图 5-80

左肘练习方法与右肘相同，唯方向相反。

【要求】

练习此功，要自然呼吸，每次坚持15~30分钟。腰要伸直，心平气和，脚位逐渐加高，肘下垫坚硬石板，坚持不懈，破皮后敷药仍坚持，日久生茧而坚硬无比。

三、操打木桩

1.用麻绳或棉花绑在树干上。面对树桩，左前臂内旋平屈，肘尖向前，右掌心顶住左拳，左脚向前进半步，后脚紧跟，脚跟提起，左肘借身体向前之力，向前上方猛顶沙袋，右掌猛推左拳。（图5-81）

2.换步又顶右肘，方法相同。然后按上述之法对左右肘进行轮流的挑、盘、砸、靠练习。（图5-82~图5-84）

图 5-81　　图 5-82

【要求】

每次出肘击打时必须配合鼻喷气助之。木桩可选树干代替，绑上铁砂袋，砂袋高度与练习者肩平为度。击打力量先轻后重，击打过程中必须运气于肘，力达肘尖，练后用药洗肘。

用药方法参见前面的几种功法的用药即可。

图 5-83

图 5-84

第九绝　金刚铁腕功

在武术搏击中，腕臂在挡格、拦截、攻击时，经常接触敌手（或器械），如果其腕臂没有抗击度和攻击力，很易导致腕臂（即桡、尺骨远端）骨折与筋伤，其结果不但难以克敌制胜，反而会遭伤残。所以，练习武术，必须对腕臂加以强化训练，在每一位成名的技击家中作为首选的补充练习。而在当今，专项练习者很少。

流通门金刚铁腕功，俗称“梗子劲”或“铁腕子”，有类似南派中的铁臂功、铁桥功、铁排手。而本门之铁腕功，着重于前臂的桡侧和尺侧远端至腕部没有肌肉一段部分的练习。功成后不但能碎碑断树，更能为空手入白刃奠下良好的基础。

金刚铁腕功的练习，分内外两种方法：其一为内劲，即采用调息运气之法，通过悬、拧、挂等练习，增强梗子之内劲、耐力。其二为外壮，即用梗子撞物，排打增强其硬度。

一、内壮

预备势：面南背北直身站立，两腿横开与肩同宽，脚尖稍里扣，双掌下垂于两大腿外侧，掌心相对，掌尖向下；下颌微收，百会上顶，目视前方，气沉丹田，精神饱满，自然呼吸，意念集中于下丹田。

（一）大鹏展翅

两脚分开站立与肩同宽；双臂侧平举，五指自然张开，掌心向下，目视正前方。姿势摆正之后，意想天宇之气从头顶百会穴，脚底涌泉穴而入，将天宇自然之气用鼻送入下丹田，这时下丹田成凸形，稍停将气用口徐徐呼出，意想气由下丹田上膻中通过肩井穴至两掌劳宫穴而出，这时下丹田成凹形。（图5–86）

图 5–86

【要求】

姿势要上身中正，虚领顶劲，精神贯注。一般的练习从2分钟起至5分钟，在这一过程中，双臂生酸麻等感觉，直至双臂逐渐发抖，并感到全身发热，心里产生烦躁等心理状态，这些都属于正常现象，此时应坚持度过此关，静下心来，静心“数”数字和调息。经过多天的练习，从每次5分钟增至30分钟以达到逐日增长。

（二）犀牛分水

1.左脚横开一步，屈膝蹲成马步桩，双手臂从体侧直臂平伸，掌心向下，掌尖分别向左右，用鼻吸进一口气，精神集中于左右前臂。（图5–87）

2.双掌向下、向前、向上转掌（手臂不动），手腕转掌至手心向上。（图5–88）

图 5–87

图 5–88

3.扣指握拳，拳心向上；然后，两臂用劲上抬，鼻徐徐吸气，双手似拉千斤重物，缓慢屈臂收回至两肩旁时，气刚好吸满。动作略停，喷气，两臂猛然用抖弹力，向下、向左右分截，上身微前俯，拳心向内，两拳眼相对。（图5–89）

【要求】

姿势要求马步沉稳，周身不动，以手掌转腕握捏有力，吸气均匀细长，精神全部集中于左右两前臂，抖弹分截臂快速，用爆发劲，尽量能使两前臂酸胀而有力，此势连续做9遍，然后接做下一势。

二、外壮

（一）软拍法

身体正直，开裆而立，首先活动上肢后，右手握拳微圈臂，左手成掌从右腕桡侧拍击，两手需要同时用力，直拍至肘部曲池穴处，继往下拍至腕部。拍完12遍后，换拍右臂尺侧12遍，动作方法相同，左右臂交替而行，每天必须做两次，继之以左右两臂互相碰击，即左桡侧碰右尺侧，右桡侧碰左尺侧，密密拍打不遗余地，每次至两腕臂以皮肤发红、发热、肌肉酸胀、疼痛为止。

（二）滚竹筒

选一根楠竹，长约3米，竹节打通，内盛石沙。初以15千克为准，马步桩站立，双手用前臂桡侧托竹筒，按呼吸一上一下在前臂往来滚动，在竹筒滚动时，身体周身正直不能过余动摇，两臂用呼吸时的振动劲使之往返滚动。（图5–90）

图 5–89

图 5–90

练习至15千克竹筒能往返1000次后，再逐渐加重至50千克，能在两前臂上滚动1000次，此势算功成。

（三）鸳鸯环

鸳鸯环是用铅所铸，有用铜铁的，每只重500克，共32只，内环直径约8.6厘米，外环直径为1.3厘米。练习乃套于两腕臂，先习4对8只，每月加1对。

将双手臂按一定方向成旋转运动，铁圈旋转的速度应先慢后快，连绵不绝，不使间断，在旋转时，要有意识地使铁圈在手臂上下来回移动。（图5-91）

从4对起逐渐增加6对套完，一般先从5分钟起至30分钟，手臂感觉酸胀疼痛难忍时止，每日练习两次。

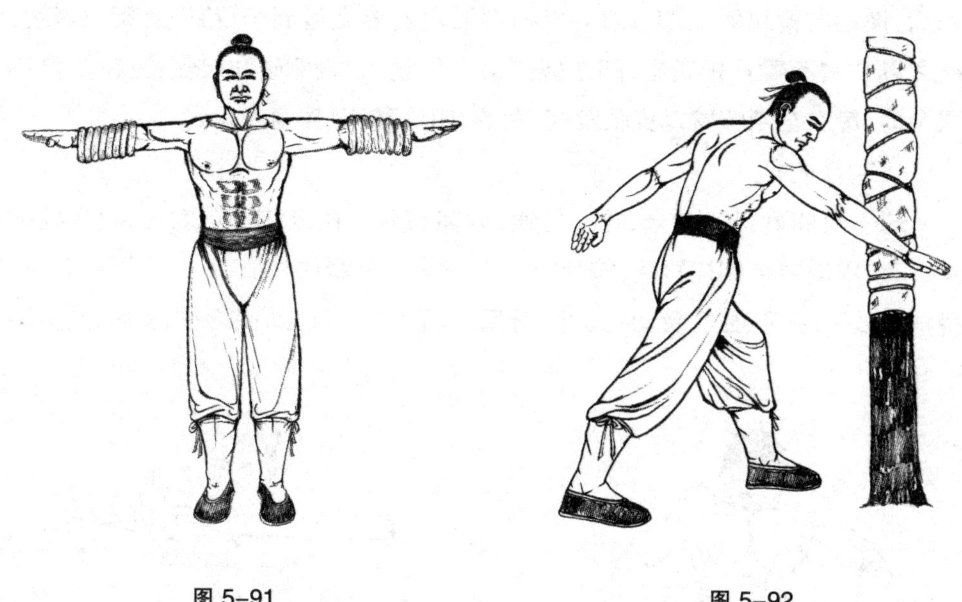

图 5-91　　图 5-92

（四）靠桩功

1.找一碗口粗的木桩（或树干均可）固定于地面，桩上全缠以麻绳或布条；然后调匀呼吸，意守丹田5分钟后，以意导气运足双臂，两脚开立，两手握拳，左转身用右前臂内侧向前靠击木桩下段。（图5-92）

2.右前臂绕过木桩，向上用前臂外侧反划格击木桩上段。（图5-93）

3.右臂向左、向下、向右划弧，用右前臂外侧斜格木桩下段。（图5-94）

然后换左手，动作要领相同，反复用前臂内侧、外侧、后侧、前侧轮番磕碰击打木桩，每次进行500～800遍。

用药方法可参见前面几项功法的药方，于练功前后揉摩两臂。

图 5-93

图 5-94

第十绝　阴阳铁拳功

拳谚曰:“练拳还须千斤砸,砸土砸墙砸刀把;拳头须把硬功练,拳劈石碎才半层;练拳不流三升血,虚度年华难称能。”拳法不但要懂技巧,更需要的是功力,有了功力才能首先保护拳在攻击硬物时不易受伤,更能摧毁其物。

流通门阴阳铁拳功,是集内功外壮,也为掌、指、爪奠定了力量的基础。久习此功,不仅力气倍增,而且双拳坚硬如铁,拳力极大,刚猛异常。颇有强健筋骨,祛病延年,防止手部冻伤的作用。形意拳大师郭云深的“半步崩拳打遍天下”的原因就是在功而不在技。所以,练出铁拳功对提高技击实战水平和防身抗暴有独特功效。

一、双卧功

1. 双手握拳,以拳面拄地,拳心相对,两拳之距离略宽于肩,两臂伸直,全身俯卧,两腿伸直并拢,以脚尖触地,仅以双拳及两脚前掌支撑全身。身体挺直,不可弯腰弓背,百会穴与会阴穴连成一直线,自然呼吸。(图5-95)

2.吸气,两臂屈肘,使身体下降接近地面,但不可贴地。(图5-96)

喷气,两拳用力撑劲,双臂挺直,使身体恢复成图5-95的姿势。如此反复练习,起落36次。

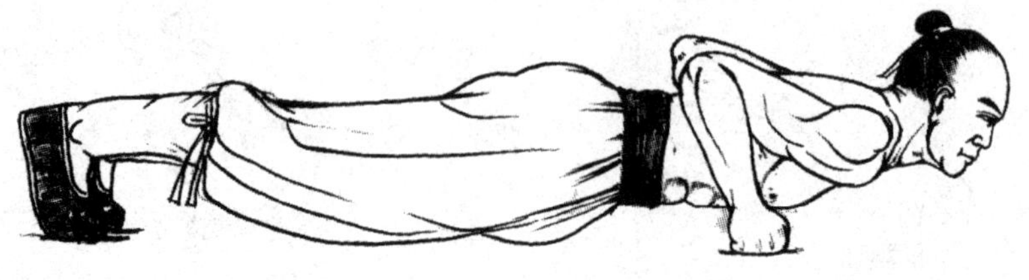

图 5-96

二、独拳斜立

身体侧面卧地，用右拳（或左拳）支撑地面，双脚相并，右脚在下接触地面，左脚放在右脚上；也就是侧卧时以右拳和右脚支撑身体，右臂伸直，两腿也要伸直。用右拳支撑身体时，左臂伸展向上与右臂正好成一个十字架。（图5-97）

图 5-97

意念拳头直插地面深部，深吸一口气后，再用鼻喷出，拳向地面用力一次。坚持5～15分钟后，换左拳行之，动作姿势相反而已。此法练习日久，可一手拄地，另一手握石锁进行向上冲拳训练，以此增大拄地拳臂力量。

三、单臂俯卧撑

1.侧身斜卧势，右拳面拄地，左脚撑地，右脚背勾住左小腿，左掌斜伸左侧方，吸气吞咽入腹。（图5-98）

图 5-98

2.右臂屈肘时，身体下降使右胸贴近地面，左拳反贴于后腰部，鼻呼气。（图5-99）

略停片刻，伸右臂还原，坚持数次后，换左拳，方法相同，交替而行。

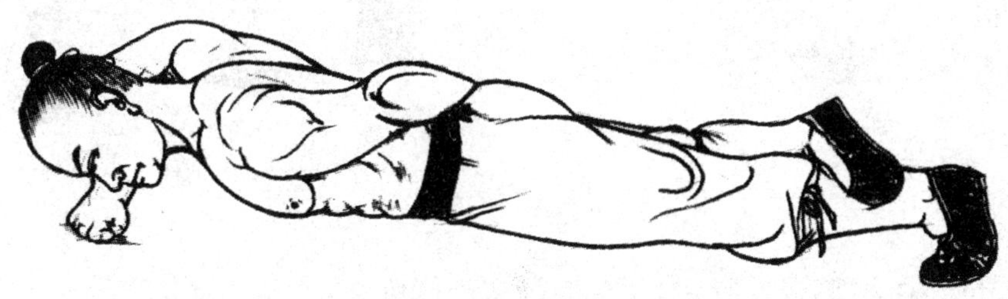

图 5-99

四、老道打坐

坐在一条与膝同高的木凳上，两手握拳，拳面与凳面接触，肘垂直保持180° ，双拳用力支撑体重。提肛吸气，使全身除拳面与凳面接触外，臀部以上全部离凳面，而脚尖点地不可用力，缓缓吸气，气沉丹田；量力而行，尽量持久。不能坚持时肘微屈，可使臀部坐在凳面上。稍停，肘又伸直，臀部离凳，如此反复坚持。（图5-100）

练习一段时间后，则要求全脚掌离开地面，大腿与小腿夹角保持60° ，脚掌不着地、也不与凳面接触，每次坚持5～15分钟。

五、打铁沙袋

将铁沙袋于树桩上固定，用弹击力连环出击，以每次各击1000拳为度。（图5–101）

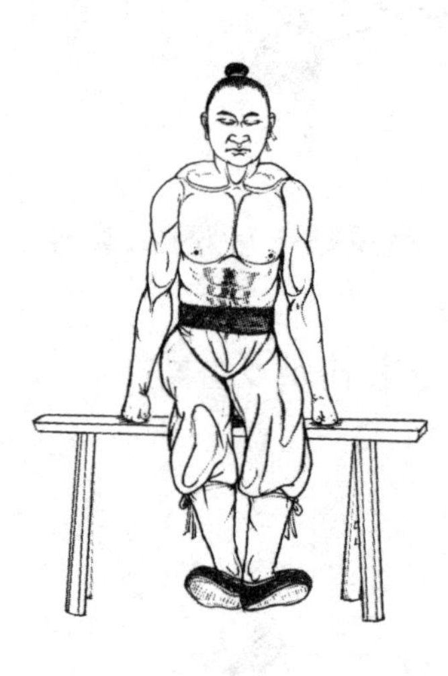

图 5–100

图 5–101

同时也可用掌进行戳、印、砍、推等法的操练。

初练拳功，不要急于求成，只要持之以恒，自然有收效。初练以拳拄地，可用书本或其他较薄的软物垫在拳面处，以防皮骨接触地面硬物而觉疼痛，日久功深，拳面骨节生茧时，更可接触石板或铁板训练，起初双拳骨节疼痛，只要坚持忍耐便可无碍。

六、劈空拳法

用蜡烛一根点燃，放置桌面之上，身距烛1米远，马步桩蹲立，气沉丹田，聚精会神，先出右拳向烛焰抖击，收回出左拳，两手轮流出拳发抖劲击打烛焰。遥击至烛焰灭，点燃后又出拳击打，每次练习至一支烛燃完，三年左右，铁拳之阴阳气劲即告成功。这也是武林中流传的隔山打牛的劈空拳。

第十一绝 混元霹雳掌功

掌功，是武林中的绝技之一。然其练功方法，却因习者本身修养之不同而大异，尤其是本门秘传的修炼法，掌握者更是绝不轻易示人。

本套练功方法与常见的掌功练法截然不同，它以内气行功为主，辅以击打木板，铁砂袋等外壮之法，每日一小时秘法修炼，配以秘法药功辅助行功，短时间内，两掌的组织便逐渐发生变化，掌部骨骼不断致密增厚、坚硬，产生出一种和气力不同之劲，杀伤力极为惊人。因此，混元霹雳掌功练成后，便能顺利地利用阳劲（霹雳劲）粉碎敌人的筋骨，或者用阴劲（混元劲）伤害敌人的经脉和内脏，置对方于死地。

一、内壮玄功

（一）补气法

1.两脚并步正身直立，双臂自然垂于体侧，呼吸自然，目视前方。（图5–102）

2.左脚横开一步，与肩同宽，身正背直，全身放松，两掌自然下垂于体侧，自然呼吸，舌舐上腭，排除一切杂念。（图5–103）

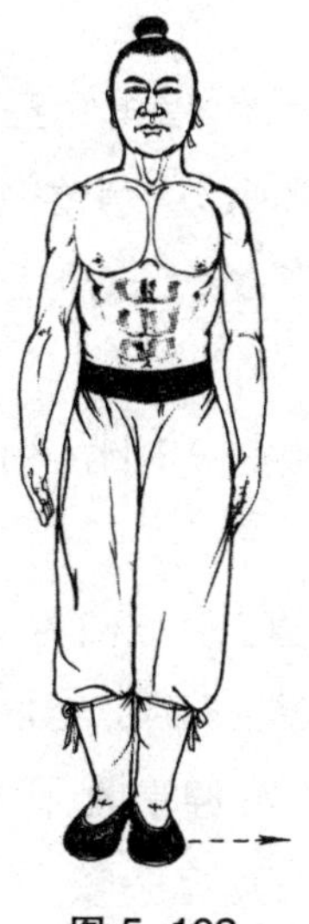

图 5–102

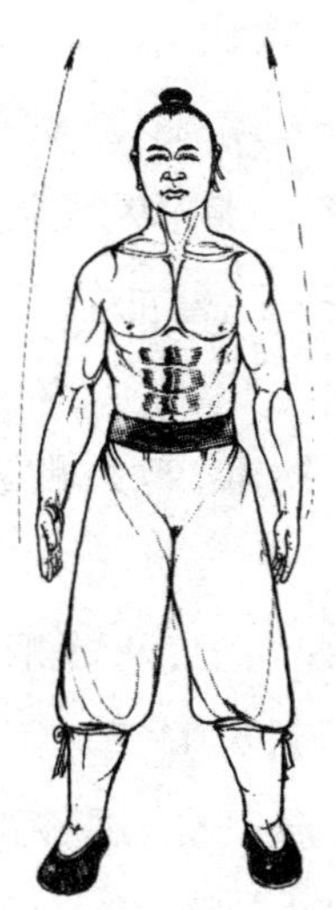

图 5–103

3.吸气时两臂左右分开自然抬起，直至两掌举臂于头顶上端，掌尖向上，掌心相对。（图5–104）

4.两掌心相合，气吸足后似喝水一样把气（以及口内唾液）一起咽下去。然后再舌舐上腭，同时两掌由头顶部辅助意念由胸前下沉至小腹部（丹田），随着气沉丹田小腹鼓起，掌尖相对，掌心向下，两臂撑直。（图5–105）

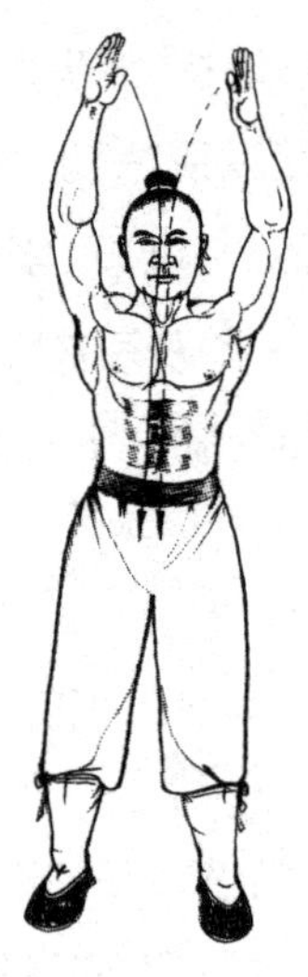

图 5–104

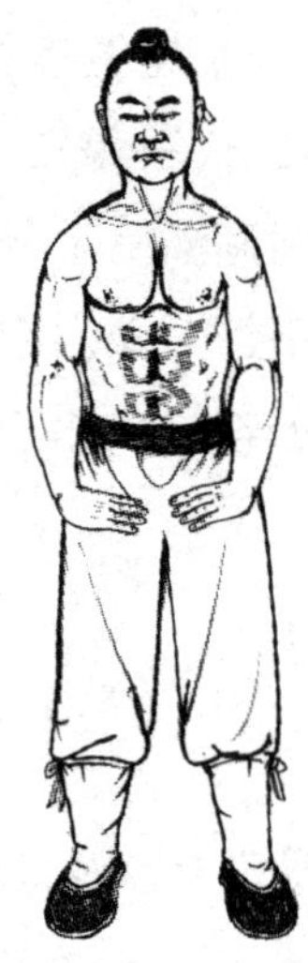

图 5–105

上述动作反复三遍。

（二）大力玄功法

1.口吸补气一次，随之气沉丹田下行至裆下会阴，然后再经身后尾闾左右分开，沿两背上行两肩，两臂至两掌劳宫穴。随后用鼻吸气，两臂鼓气自然膨胀似抬起，至与肩齐平，掌心向下，两臂伸直再左右舒张，意念气至手指梢部。（图5–106）

2.两掌屈指握拳，意力收紧，用鼻喷气24次，两拳一下比一下收之更紧。（图5–107）

3.转拳，拳眼向上，两臂相对合至胸前，两臂伸直，拳心相对，两拳向内扣腕，意力紧扣两腕，鼻喷气24下，一下比一下扣之更紧。（图5–108）

4.两脚左右微开立，屈膝下蹲成马步桩，两手屈臂握拳收于腰间，其足趾抓地扣紧，吸气时全身放松，吸气满后，全身用力将气从鼻中喷出，同时两拳扣紧，一呼一吸24次，一下比一下收之更紧。（图5–109）

图 5-106　图 5-107

图 5-108　图 5-109

（三）阴阳掌气法

1.接上势，双掌向前伸直与肩同宽，掌尖向前，大拇指相对，小指向外，掌心向下，双脚左右开立成高马桩势站立，全身放松，十趾抓地。（图5-110）

2.用口作均匀细长地吸气，吸气同时双掌直臂由内向左右渐渐分至身体两侧，分至左右掌成一直线平肩时，正好气吸满。（图5-111）

3.然后用鼻呼气，呼气同时将双掌渐渐向内合拢，双掌至与肩同宽时，正好将气呼完。

如此一呼一吸，一开一合反复练习，次数由少至多，当然次数越多越好，最少要开合36次以上。

注：此势吸气时要意守丹田，呼气时用意将丹田之气引至双手掌心。

图 5-110　　图 5-111

（四）混元掌气法

1.身体正立，两腿并拢，目视前方，配合吸气，左掌掌心向上，掌尖向右，由左侧向上抻托，如托天之意；右掌掌尖向外，掌心向下抻按，边吸气边用暗劲徐徐托按。至力尽，再全身放松呼气。（图5-112）

原势不动，反复3次。

2.接上动，配合吸气，左掌向下抻按，右掌向上推举，与第一势相同，所不同的是两掌交换了上下位置。（图5-113）

原势不变反复3次。

3.接上动，左臂不动，右臂下落还原成立正姿势。然后配合吸气，双掌掌心向上，掌尖相对，向上托举，如双掌托天之意，至力尽呼气，全身放松。（图5-114）

原势不变，反复3次。

4.接上动，双掌抻托3次毕，身体不动，两掌下落，双掌变掌心向下，掌尖相对，配合吸气，左右各向下抻按，如按地之意至力尽，再呼气全身放松。（图5-115）

原势不变，配合吸气向下抻按3次，然后还原立正。

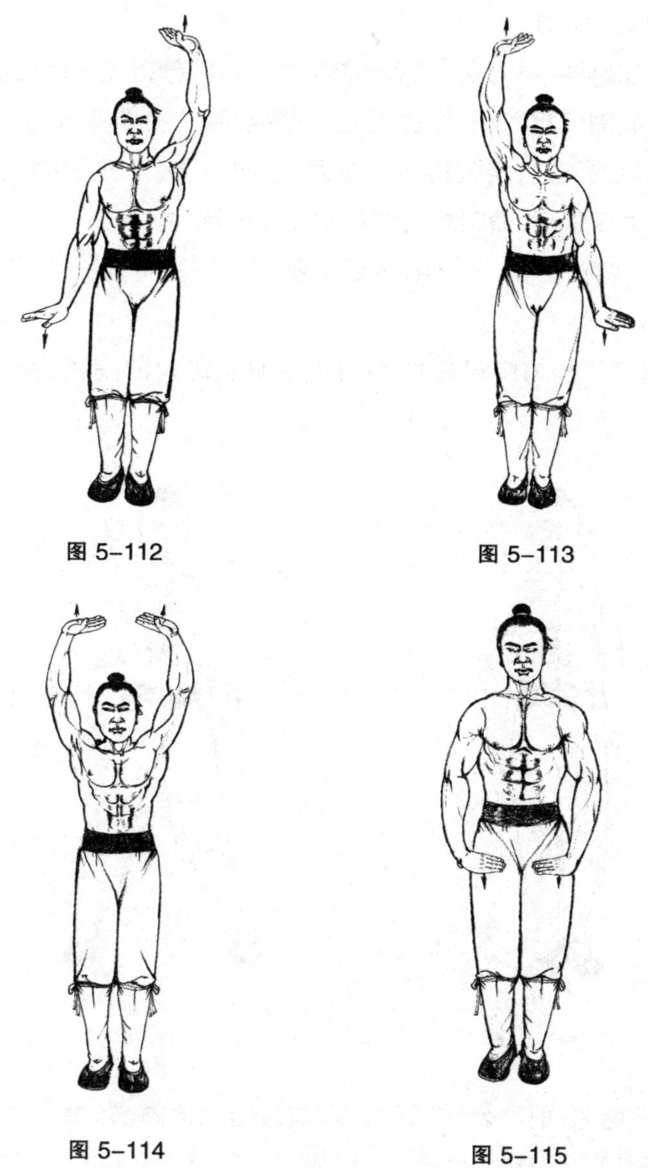

图 5–112　　图 5–113

图 5–114　　图 5–115

【注意】

动作时要配合吸气，同时以意贯掌心，鼻呼鼻吸，自然呼吸，唯要沉默柔静而深长，不可过急或过缓，不论上托下按，肘尖要外向，五指宜并拢。抻托时，臂和指略屈不必伸直，主要劲力在掌根、掌心，托按时膝盖要用力挺直，则气促血液由丹田至两肋，由两肋沿动脉管而至两掌，托按时，劲意贯掌心，如上托欲塌之天，下按欲翻之地。

（五）抖掌透劲功

此法呼吸以鼻喷气为主，气吸满胸后，闭口用鼻将气从鼻孔中喷出，但要轻松而自然，同时气贯丹田，缩肛提阳，含胸收腹。发力特点均以腕部抖弹为主，在配合喷气的同时，坐腕抖掌指发力，切勿用僵劲，周身放松，保持自然姿势，在掌握发力要领后，随时均可作抖掌发力的练习。

1.立正，两臂自然垂于体侧，舌舐上腭，目视前方，自然呼吸，全身自然放松。（图5–116）

2.左脚横开一步与肩同宽成开裆而立，脚尖略内扣，思想集中，松静自然。（图5–117）

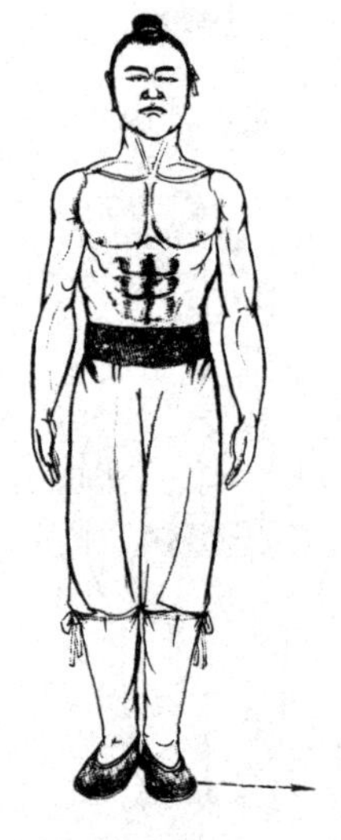

图 5–116

图 5–117

3.配合鼻均匀细长吸气的同时，两掌缓慢上抬向前伸举，掌心相对，虎口向上，略高于头顶。（图5–118）

4.两掌心对向胸内收拢，高与肩平，肘尖向两侧，掌尖相对，掌心向下。（图5–119）

5.至此时，气刚好吸满，随即用鼻暴发势的将气喷出，同时两掌抖腕向两肋下按至最低点，动作快速而激烈。（图5–120）

如此反复做此动作12次后，接练下一势。

6.立正姿势站立。（图5–121）

7.左脚横开一步与肩同宽，同时两掌屈收于腰间，配合鼻均匀细长的吸气。（图5–122）

8.右掌向左侧穿移，左掌向右侧穿移，至两肘尖相贴时。（图5–123）

9.两掌向上划弧至胸前向左右分开，掌与肩齐高，屈肘，此时气刚好吸满。（图5–124）

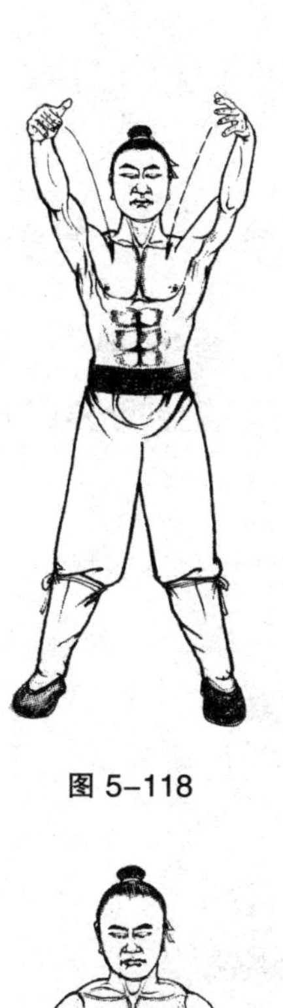

图 5–118

图 5–119

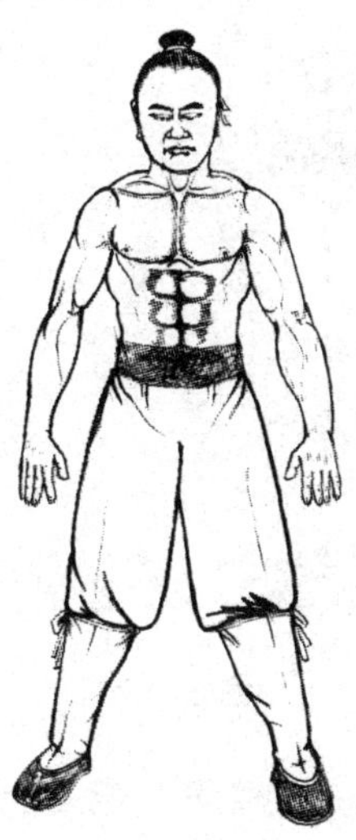

图 5–120

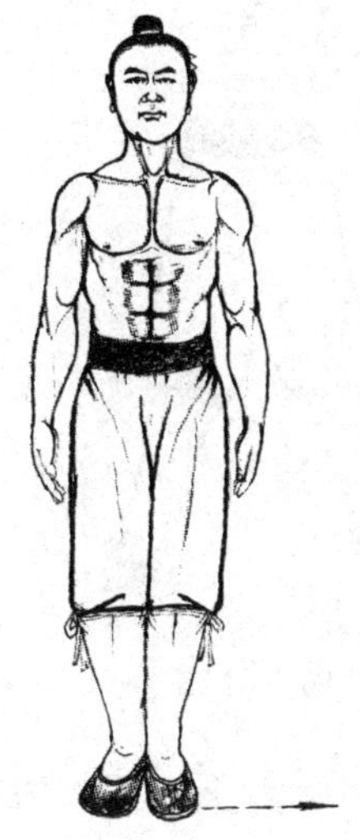

图 5–121

图 5-123

图 5-124

10.两掌旋腕使掌心向下，随之用鼻将气喷出，同时两掌抖腕向下按，五指张开，力透掌根，速度快而急。（图5-125）

如此动作反复做12次，然后进入下一势练习。

11.立正姿势站立。（图5-126）

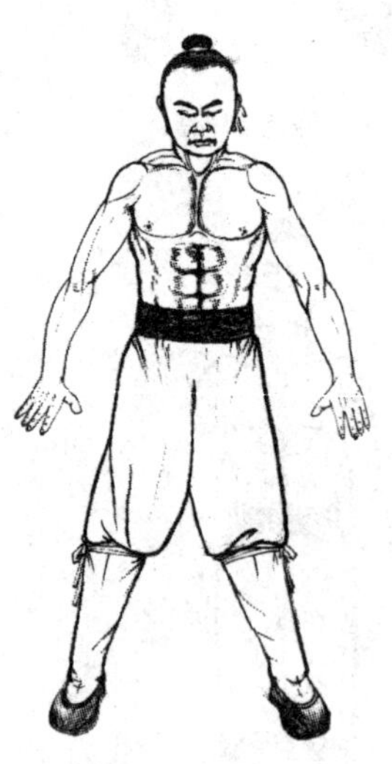

图 5-125

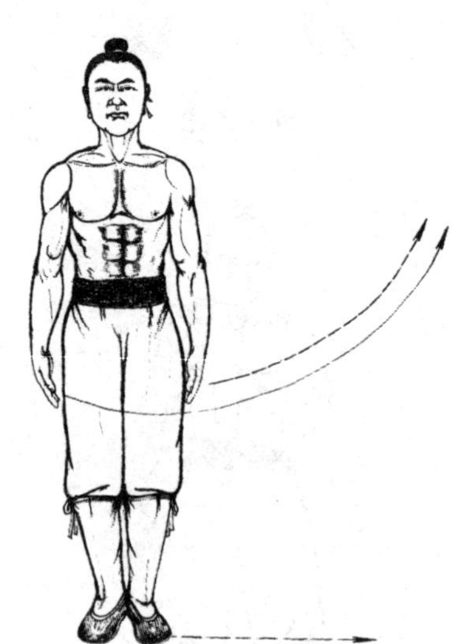

图 5-126

12.左脚向左侧方上一步，右腿挺膝蹬直，左腿屈蹲成左弓步，随之配合鼻均匀细长的吸气，两掌缓慢向左前方伸出，掌心相对，高与肩平。（图5-127）

13.待两臂伸进时，两掌勾腕向上提至头顶前上方。（图5-128）

图 5-127

图 5-128

14.此时气刚好吸满，然后配合用鼻暴发势的将气喷出，同时两掌抖腕快速下劈，置两掌于左腿之两侧。（图5-129）

如此反复做此动作12次后，进入下一势的训练。

15.接着，练右势，右势动作与左势动作相同，唯动作方向相反。（如图5-130～图5-133）

仍做12次，然后进入下一势的训练。

图 5-129

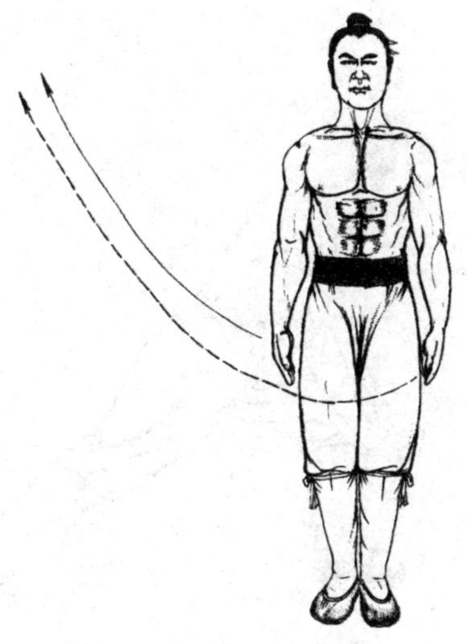

图 5-130

图 5-131

图 5-132

16.立正姿势站立。（图5-134）

17.左脚横开一步，屈膝下蹲成马步桩而立，两拳握抱于腰间，拳心向上。（图5-135）

18.配合用鼻均匀细长的吸气，同时，两掌沿体前缓慢上提至头顶前上方，掌心相对。（图5-136）

19.此时气刚好吸满，随后用鼻暴发势的将气喷出，同时两掌抖腕快速下劈，置两掌于裆前，掌心相对，力达掌根。（图5-137）

图 5-133

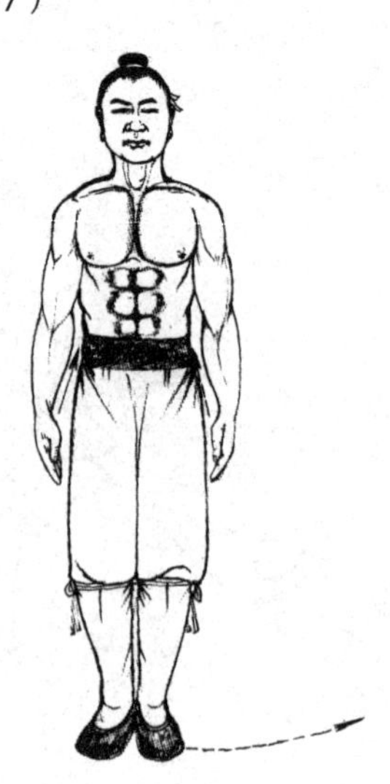
图 5-134

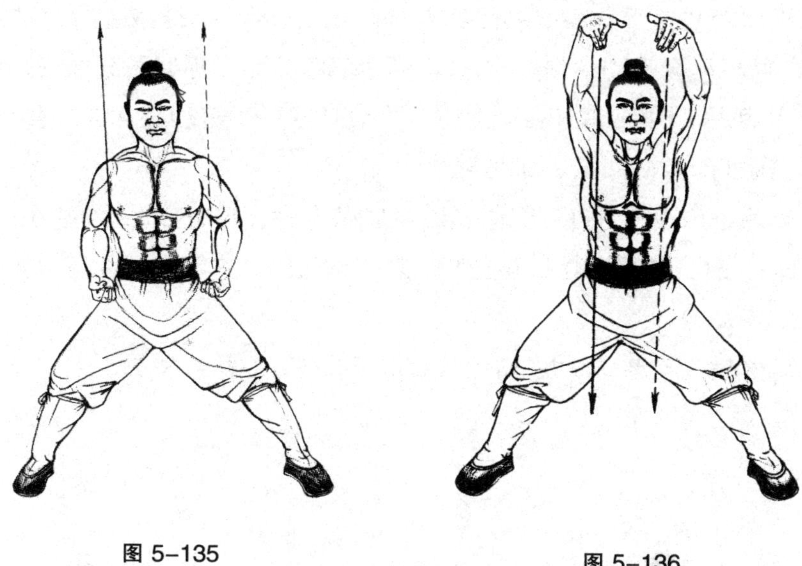

图 5-135　　图 5-136

图 5-137

如此反复做此动作12次，然后进入下势。

（六）劈空掌法

在练功场地的上空，水平横拉一线，将两端固定好，线距地面高2米。再取两条系钩之线垂挂于横线上，两线之间距为自己一字平肩宽度。在此两垂线上分别按高位（以自己蹲马步桩扬臂135° 方向为准），中位（与一字平肩齐高），低位（在蹲马步桩与膝平），系四个如鸡蛋大的泡沫球（或棉花球）。

1.平肩裆站立于垂线中央往后约30厘米处，闭目凝神敛息约1分钟，然后鼻吸气，使气盈胸带动小腹内收，同时两掌随吸气暗力撑紧意念气由丹田至胸又臂贯注两掌、十指，闭气后马上将右脚横开成马步桩蹲立，同时两掌由体侧带气起于腰际，掌心向上。（图5–138）

2.然后意转右掌，拧腰带体左转，两脚跟为轴，脚掌搓地改蹲成左弓步，以鼻喷气，同时右掌翻为立掌向左低位之棉球猛击，掌不触球而意念棉球被震飞。（图5–139）

3.再鼻吸气闭息，同时右转体收脚成马步桩。（图5–138）

图 5–138　　图 5–139

4.意转左掌，拧腰带体右转成右弓步，鼻喷气，左掌向右低位棉球猛击掌，掌不触棉球而意念棉球被震飞。

如此先右掌击打左低位棉球，再左掌击打右低位棉球，继之击打左右中位棉球，而后击打左右高位之棉球。

左右由低及高逐次掌击1次为1遍。如此反复共练60～100遍，计击360～600掌，共闭气、喷气360～600息。

此后再练养掌，即气沉丹田，如上姿势动作，以绵掌劲隔空击左右棉球，次数为猝猛气劲击打总数的十分之一，然后活动散步30分钟，再进行下一步的外壮操掌功法。

【注意】

1.击掌的呼吸要配合好，即鼻喷气与击掌同步进行，同时体内真气由中丹田处迅速降下，丹田壮紧，击掌完事后要略停闭息1~2分钟，然后柔缓吸气收掌，锻炼养掌时呼吸与动作配合好，并始终保持气沉丹田法，掌劲击出要绵、缓、脆、暗。

2.向左或向右击掌前，即将意念移注于该掌掌心、十指。击出后，改意念棉球的飞动。

3.如练至击掌气劲能将棉球震击飞动平直后，可将悬挂吊球之线距外移并增加左右击掌计10遍。如此按法习练。外移距离不可过远，以移至掌击能使棉球飞动止。至移悬棉球距掌1米远时，棉球能随掌击而飞动扬起，则劈空掌气功夫臻成。

二、外壮霹雳掌功

（一）抖击木板法

用一块木板固定在直径约7厘米的树杆上。

1. 马步面对或弓步侧身对木板，相距约80厘米，气吸满配合喷气之势发掌击打，先出右掌尖向木板戳击。（图5-140）

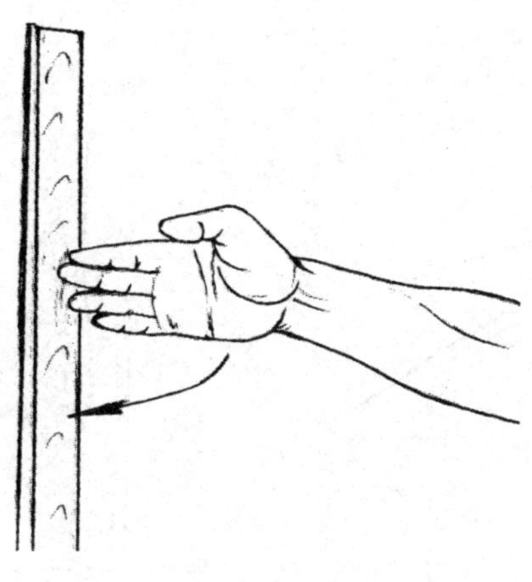

图 5-140

2.随之坐腕抖力用掌棱击板面。（图5-141）

3.再继续抖力印掌，以掌根为力点击打板面。（图5-142）

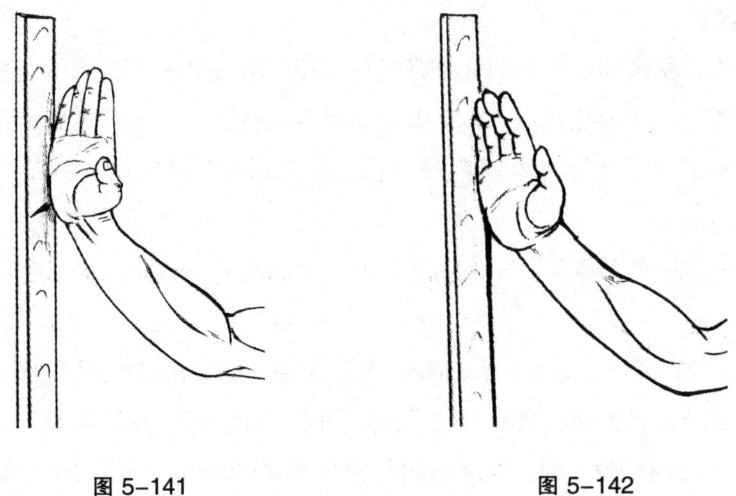

图 5-141　　图 5-142

此法出手三点打击须一气呵成，左右掌交替练习，每次1000掌，练习时手臂尽量要曲，全身不可着力，全凭手腕抖力击打，练至纯熟时，一出手就是3次发力。

4. 仍以木板为训练器材，五指伸开，用掌尖贴住板面，腕微上抬。（图5-143）

5.气吸满后，凭喷气之势抖腕坐力，用掌根抖击板面。（5-144）

左右掌交替击打木板1000次为度。

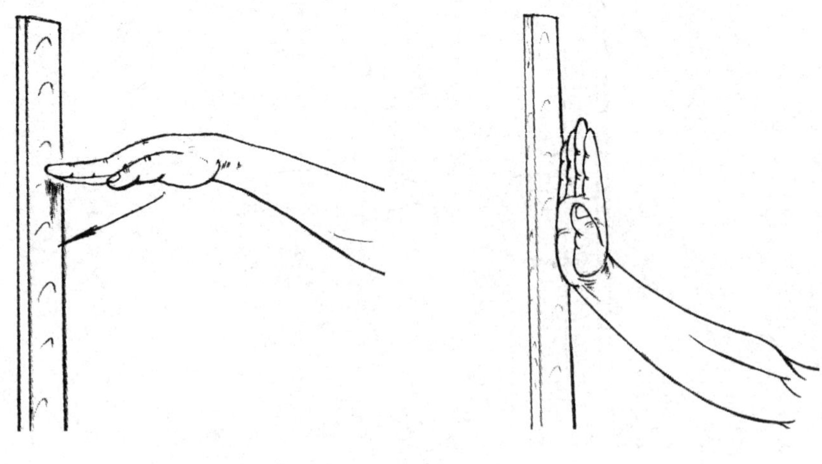

图 5-143　　图 5-144

（二）铁砂操掌法

沙袋制作：用厚帆布两层合缝一布袋，长35厘米、宽29厘米，再用厚朴、生龙牡各50克，茯苓、苏叶、地骨皮、硫黄、川草乌各35克，桑枝、透骨草、威灵仙、当归各25克，生姜100克，川椒75克，上药打碎成粗末和匀，陈醋1千克，铁砂5千克共混合浸泡7天后装入沙袋中，缝好袋口，将沙袋放置坚实木凳或石墩上，其高度以较自己站立时之肚脐约低5厘米为宜。

练功前后用药法：练习铁砂操掌的重点是必须使用中药，借助中药之力防止骨骼、肌肉受伤，同时更重要的意义则是借助中药的效力，用以消毒止痛，通经活络，强筋壮骨，使手部骨骼和肌肉变成坚硬而柔绵。

方药：土鳖虫、红花、自然铜、姜黄、五加皮、栀子各25克，骨碎补、落得打、地骨皮、当归各20克，青盐50克，白酒1.5千克。

制法：浸泡7天后放入活蟾蜍（端午日捉者佳）一只呛泡。另备铁锈粉100克，陈醋500克浸泡15天后与前药酒混匀备用。

在操袋之前，先把药液摇匀后，再倒出少量药液涂在手掌上，尤其是手指各部，双掌互相摩擦按揉。然后依照其练法进行操习之。练完后，再将药液涂在手掌、手背及掌侧、手指关节各部，并充分按摩每一个掌尖和关节，时间一定在3分钟以上。练功后1小时内不可用冷水洗手，如需洗掉手上之药液时，必须用温热水浸洗掉，手部皮肤破者，不能练习操掌功。

行功要选择静处，以无人扰乱为宜，先将砂袋平放于凳面上，面对砂袋马步站立、距离适宜，两拳抱于腰侧，拳心向上，全身放松，平心静气，气沉丹田，目视砂袋，凝神片刻，然后依下法行功。

1.拍法：提掌于眉齐或稍高，劲意贯于掌心，肩臂放松，不可抬肩，手似悬挂空中的石块，由高处跌下，具有加速度地打击砂袋。（图5-145）

击打时决不能用一丝的僵力（纯用腕、掌之劲挥鞭似的拍击砂袋），另一只手握拳抱于腰间。

全身要领：

（1）手的落点应基本在身体的正中心，手指自然张开，掌尖灵活，两眼注视中指。

（2）臂不可用力，手、肘、臂不可向外和后突出。

（3）腰不可凹入，击打时气沉丹田。

(4)两膝应弯曲用力(即脚趾抓地),圆裆,头部虚领顶劲(即颈部放松,头有上顶之意)。用右手拍打则右脚实(即重心侧重于右脚),左脚虚(练左手则相反)。

(5)拍打时背部、肩部、手臂、肘等部位不可用力,拍打时上半身不可前后摇动。

(6)拍打时不管是呼或吸,采用鼻吸气的自然呼吸法。

2.摔法:原势不变,拍完提掌高于眉齐或稍高,掌心向下,劲意贯于掌背,放松肩臂(不可抬肩),意似由高处跌下,不可用力,落下时翻掌背部位向沙袋摔打。(图5–146)

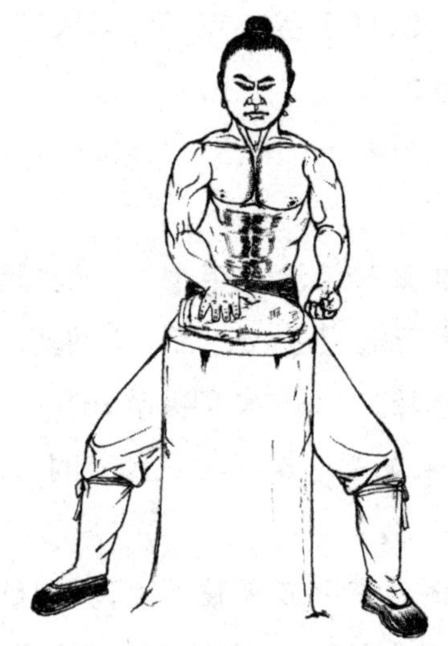

图 5–145

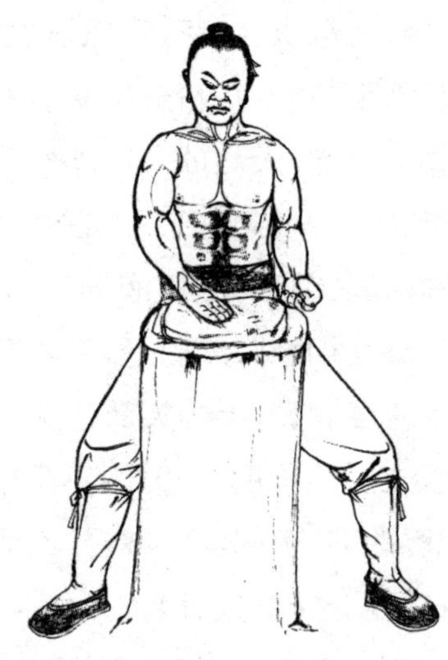

图 5–146

练习切不可因怕痛而把手指翘起,这样会使肩背部用力,劲力停滞而使打击无效,全身要领同"拍法"。

3.切法:摔完提掌高于眉齐或稍高,劲意贯于掌侧,肩臂放松(不可抬肩),如同挥鞭一样以掌侧向沙袋切下,决不可用僵力,打下时手指不可弯曲,应并拢伸直。(图5–147)

全身要领同"拍法"。

4.印法:切完提掌高于眉齐或稍高,劲意贯于掌棱,肩臂放松(不可抬肩),以掌根部位加速度向沙袋打下。(图5–148)

全身要领同"拍法"。

图 5-147　　图 5-148

5.点法(即用勾手打法):五指并拢向下如勾手,劲意贯于掌尖,放松肩背,以并拢向下的五指像画线一样垂直打下，如鸟啄木，挥鞭似地点下。(图5-149)

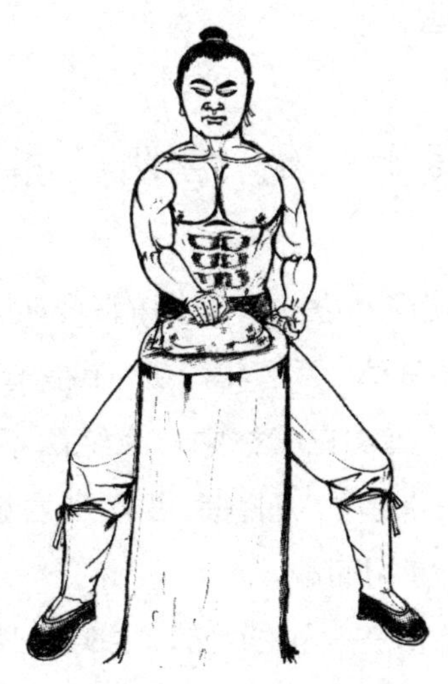

图 5-149

全身要领同“拍法”。

以上五法,合而为一组动作,初习要量力而行,定时每日行功一次或早晚行功一次,均于先行练“内壮玄功”结束后,每天练此功10分钟,不可过多,多则伤气。行功完毕先用双掌心轻柔双膝盖至发热后，慢慢起立，凝神片刻，然后随便散步，活动身体，以松筋骨，以顺气血，再行药功方勿后患。

三、注意事项

1.行功练掌，运劲忌用臂力，应将臂部放松，纯用腕掌之劲行功，则不但易使内劲贯注，且无震伤内腑之虞。

2.练掌行功，神不集中，则意不至，意不至则气不行，气不行则劲不贯，劲不贯则掌力流于外壮。

3.不论是单手行功还是双掌行功，每日行功不可超过规定时间，两手若有外伤，要停止操掌，更不可用洗手药酒。待外伤痊愈后，方可恢复行功（注：只练内壮玄功），以免再次受伤。故操掌期间尽量防止两手受外伤。

4.操掌必须天天练，不可间断，因这段时间手的组织已逐渐变化，体会出用“劲力”的要领。

5.行功中忌房事，无药液禁止练习操掌，初练时应以自然呼吸为主，然后逐步过渡腹势呼吸。第一层习练3个月后再进入第二层练习，在每一层的操掌之前，必须练“内壮玄功”一遍。

第十二绝　玄阴铁指功

“指”乃搏击之利器，末端锋利之极。五指稍有弯曲，指端内扣。修习铁指功，搏杀之际，手指伸直可插其体，可当其枪剑；手指弯曲可抓拿其皮肉筋脉。拳语云：“拳轻掌重指要命。”指功在武林中各家练法不尽相同，有练一指者为金针指，二指者为金剪指，三指者为三阴指，四指者为金铲指，也称标指，但到精髓处都是以内功辅助外壮练习而成。

流通门指功分为两种练法：一为玄阴指，主阴柔劲；一为铁指，主阳刚之劲。玄阴指者，阴劲之运行，起于何所，止于何处，心明神怡。发阴劲时，筋脉紧张，其声叽咕，达于指端，翕张作势。阴劲来时，一线阴气可透木铁，穿过皮棉，可入其经络脏腑，而刚劲则不能也。铁指功者，可洞腹穿壁，使其皮肉筋骨伤折。此两种指功不但可以各所其用，阴阳合璧则威力更巨，实为武林中稀珍之绝技也。

一、玄阴指劲修持法

1.玄罡气法:练习者于每天凌晨三至四点钟起床,轻柔遍体,行作“洗髓经”毕,然后自然盘腿端坐于床上,双目微合,排除一切杂念,然后入静,心思淡然,舌舐上腭,提肛敛臀,双手向前平伸,掌心向下,食指前伸,其余四指卷握。(图5-150)

图 5-150

姿势摆好以后,慢慢地吸气,用意将气送入丹田。在吸气时,应缓慢地收腹、提肛,两手随吸气时向里收进,动作轻缓,在收气回来时,应用意想气自两食指端进入手,顺着两手直接进入丹田。在呼气时应缓慢地将气呼出,意想气自丹田经两食指向外发出。同时,两手随呼气向前推出,动作应轻缓些,次数不限,量力而行之。

这一段功的呼吸要求由缓慢细匀逐渐达到深长,气随意行,久练之后自觉得每次向里向外收推时,食指有气感,好像微风吹一样;此时,已说明有内功根基,玄指功内壮已入门径。

2.抓绷子劲:取长约20厘米,宽约3厘米,富有弹性的牛角或楠竹片。初习时用线系其两端,使成弓形,以防脱手时弹出。待手法熟练后,可不必系以线。并须厚薄各备数块,先取薄者抓之数次。然后,取厚者亦抓之数十,指酸为度。左右手交替轮换,厚薄迭抓,每日数次,不可间断,每次默数其数,不能减少,抓法以拇指抵其一端,食中二指合抵一端,指与虎口必须成弧形,指末微以力抓,其余部分切勿用力。(图5-151)

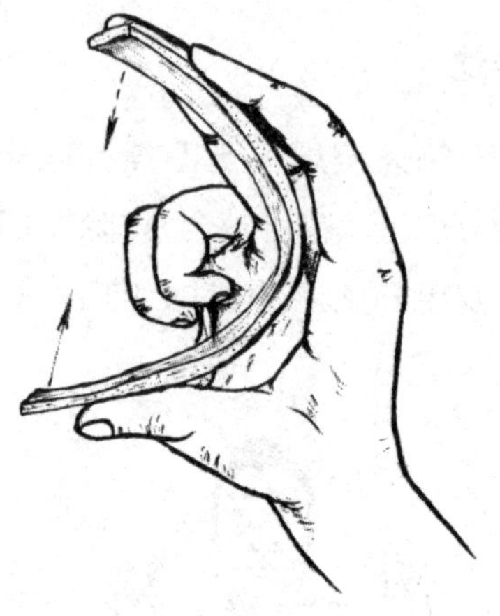

图 5–151

3.击空劲气：用棉球如鸡蛋大，穿在线上挂于室外树枝上（需无风处）或一室内宽敞之地。练习时，两足蹲成马步，距棉球30厘米左右，按第一阶段运气方法运气，然后以一指凭空向棉球指击；在指击时，意想气自丹田经指端发出，直接击在棉球上。收手时，意想气从指端经手入丹田，棉球也随吸气的气回来。指击时用呼气，收回时用吸气，呼吸方法同上，每次练习不限次数，力疲为止。按此姿势练，初时凭空指击棉球是不会晃动的，日久功深，棉球就能轻微地随指凭空指击而晃动，此时阴柔之劲已告练成，每天最好早晚各练一次。

4.强化阴柔劲法：将棉球换成同样大小的铁球。运气之法、架势都与"击空劲"法相同。在这一阶段里，因已经有了第三阶段的阴柔之劲；因而，主要是增强已得到的阴柔之功。首先是距离铁球30厘米左右远，凭空指击铁球，练至30厘米左右的地方能够凭空指击球动后；再向后一步，距离铁球60厘米左右，依上法练习，铁球被指劲击动后，再距离铁球1米远，仍依法练习，当在距离铁球1米远被阴柔指劲击得荡漾时，功即具告成。

此时与人较技，切莫用指隔空乱点。此段功的用意法则，呼吸方法要求与前三段相同。

5.刚柔相济穿透功：此段功之练习，将铁球换成蜡烛，点燃蜡烛后，用一张透明的白纸将之隔开；然后距离蜡烛1米左右的地方，凭空以指击。初时火焰毫无晃动，练之既久，烛焰随指击而晃动，再继续苦练。当练至指击烛焰熄灭而白纸不损时，此时的玄指阴劲伤人已算大功告成。

此段功的呼吸，用意方法与前面两段功法相同，但练这一段功时，姿势就可以随便了，可以按前两段功法练，也可站立或移动着训练。

练习玄阴指，第一段是其关键，因操练此功法时，要循序渐进，每一段都与前一段后一段功相辅相成，决不能不练第一段功，而直接去练四、五段功。

二、金钢铁指功

此法为内功外壮，必须以内气为主，继而戳插，使指坚硬如刀剑，以补玄阴内气外壮之不足；本段指功分三步练习。

1.插面粉：取木箱或铁桶一个，内装满面粉。练功者平肩裆立于桶前用顺呼吸法将丹田之气运至手指并出现轻微的触电样感觉（即气流感）后，用鼻将气吸满，双手十指对着桶内面粉用力插入；同时以鼻喷气，收提肛门和睾丸（即提肛缩阳）；并意领内气从丹田处上升至膻中穴分向两腋下，沿手臂内侧直向十指尖奔泻而下。继以鼻喷气，同时将插入面粉桶内的手掌抽回，并以意念气从手臂外侧上升过头部而返回丹田，松腹、松肛门和睾丸。如此吸收呼插，不计次数，以手指感觉麻木，微痛为度或每日定时进行操习。（图5–152）

图 5–152

插击时一定要按先轻后重，先慢后快的原则练习，插面粉初时感觉轻松，日久汗水浸融和插紧，桶底面粉越来越坚硬，每次练习，必须保持每一次手指尖要触至桶底，持之以恒，不使辍功，一天两次，一次30分钟以上，3个月后即换下一步练习。

2.插稻谷：插面粉3个月后，指尖已比前坚硬，去面粉装满稻谷。右虚步立，左臂自然垂之，右臂提起于右腿上方，掌心向体，指尖斜插入稻谷内约一指肚。吸气入下丹田，继发力喷气，将气于丹田壮紧，喷气的同时双腿蹬力下坐，拧身坐腰促臂发力，使肩催肘（送肩），肘催指（送肘）向稻谷内抖力猛插。

出掌指，继续上面动作100次，换左虚步成右虚步用左手行之，方法要领与右手插法相同。左右手各插1000次为准，直练到桶内稻谷全部成净米，换稻谷再练，直至一次性能把桶内稻谷插成米后，再进入下一步练习。

3.插铁砂：双手十指经过插稻谷的练习后均起老茧，用力插一桶稻谷变成米而不觉手痛，指头皮肤亦不破裂时，可练习插铁砂。

铁砂的选择应圆滑，避免尖角、锋利的铁砂，铁砂内拌以适量的花椒、白芷、菖蒲、龙骨、土鳖、自然铜粉末。练习方法与前两步相同，每日固定时间，不可间断，三年大功告成。

练插铁砂的功夫难度最大，也是容易使指尖破裂出血。但是，只要把前两种练好后，练插铁砂就比较容易。若出现手指破裂出血的情况时，应及时消毒并敷上止血生肌的药物，外用“虎骨膏”（药店所卖的那种）包贴好后，仍然坚持练功，不可就此中辍，否则将前功尽弃，半途而废。每次练完功后宜用松节油或铁甲汤浸洗双手，预防手指肿胀以免影响下一次的练功。

【注意】

功前一定要活动手指，功中也要反复活动揉摩手指，功后也得用酒、醋、热水药物洗手，以防手指关节僵硬。练功中精神一定要高度集中，以防手指于功中的爆发力而伤折手指。

三、铁指破壁

1.身体正立面壁，距壁约1米，初习可稍近，两脚分开，约与肩同宽，然后上身前倾，两臂向前平伸，食中二指指腹触壁，拇指按在无名指和小指指甲部。（图5–153）

2.初练之时，因习者指端之力甚弱，双脚可全掌着地，距墙稍近。随着指力的日增，可再渐次加力，距墙1米（不必再加），再脚跟离地，使大部体重前移指尖。（图5–154）

但切不可勉强，致指尖不能竖立于墙，指部弯折，反欲速不达，亦极易伤指。

练功之时，头、颈、精神均应放松，凝神静气，身体不动，双耳不闻呼吸之

图 5-153

图 5-154

声，呼吸自然，不可勉强。吸气时，意想气入丹田，掌指微微用意放松；呼气时，乃用撑字诀，运丹田之气，以气催力至指端，徐缓用力向前撑按，如指破壁。如此练习，次数自定，坚持为功。

第十三绝 透骨鹰爪功

爪功，以练手指的抓扣力，即手上之抓握功夫为主，并练掌指的握力及掌腕的屈旋力。爪功不同于单一的掌功或指功，从功法特点而论，掌功作用于拍打劈斩；指功作用于点击戳插，此皆为直劲，爪功则练屈指扣握劲，虽然都是手上功夫，但功法特点迥然不同。爪功之所以称为鹰爪功，并非取其形，实为取其势。系取鹰这利爪所特有的甚为强劲的一抓之势。

流通门透鹰骨爪是专门训练手指、掌、腕的抓、扣、捏、撕、捻之劲力，功法为内功外壮，内练为主，刚柔相济之力，形成阴阳相合之劲。苦练功成，指爪劲刚猛，抓人能伤筋断骨，撕脱皮肉，拿穴扣筋制敌于瞬息之间。本功适应于擒拿、点穴、卸骨一系列的技击格斗，此功是每一个武林中人必修之功矣。

一、气贯双爪

清晨起床时先做完吐纳功（即洗髓经）后，盘膝趺坐于床上，调整姿势，使会阴穴与百会穴成一直线，脊椎要松直，轻闭双目，舌舐上腭，排除一切杂念，达到上述要求后，开始用鼻做均匀细长的深呼吸，一呼一吸，鼻息绵绵深长，呼吸声最好要小到自己都听不到（即听息法）。双手成鹰爪状，随着一呼一吸自胸前推出收进。吸气的同时双手收到腰际（手部肌肉紧张，好似牵动千斤之力），缓缓而有力。呼气的同时，双手推出到平直（手部肌肉紧张，好似犹如推动千斤重物，双爪不可推行太快，跟收爪要领一样）。吸气时意想天地万物之气从脚底涌泉穴，双掌劳宫穴，头顶百会穴吸进并聚集到下丹田。呼气时，意想丹田浩然之气涌向劳宫穴而达于十指尖端；这种意念最好要做到有意无意，自然而然。（图5-155、图5-156）

图 5-155

图 5-156

只有这样方使本功做到静中自动，动中自静。每次练功30分钟后，进入下一步练习。

二、空运推抓法

1.马步桩蹲立，两拳面相对抱于胸前，拳心向下。（图5-157）

2.继之目视右侧方，右拳变爪，掌心向右，平行推出，手部肌肉紧张，以鼻徐徐吸气的同时，意力缓缓推出。（图5-158）

3.至臂直时，五指用力扣握成拳，拳心向上。（图5-159）

4.用劲拉回至胸前成拳心向下，两拳面相对。（图5-160）

5.接着，头左转，以同样的方法进行推抓左手。（图5-161、图5-162）

直至两拳面相对时，才将气从鼻缓缓呼出。

6.接着，两拳变爪下收于腰际，爪心向下。（图5-163）

图 5-157
图 5-158
图 5-159
图 5-160

7.用鼻吸气，双爪向前方伸臂推出。（图5-164）

然后闭息，挽指成拳用力收拉至肋前时，翻腕成爪后，将气呼出。上势动作反复36次。

三、铁牛耕地

1.两脚分开，脚前掌着地与肩宽，两手五指分开成爪形，弯腰俯身将两手指头按地面；两手的距离同肩宽，手与脚之间的前后距离等于自身由肩至膝的长度。手指按地的位置，食、中二指在前，拇指在后偏于内侧，无名指和小指偏于外侧，主要着力点在拇指与食指的指端，头昂起面部向前。（图5-165）

图 5-161

图 5-162

图 5-163

图 5-164

图 5-165

2.屈臂，上体下沉，使胸、腹、大腿接近地面，使身体与地面平行，着力点在两手十指及两脚前掌部。（图5–166）

按上述练法一起一落，反复练习，次数量力而行。

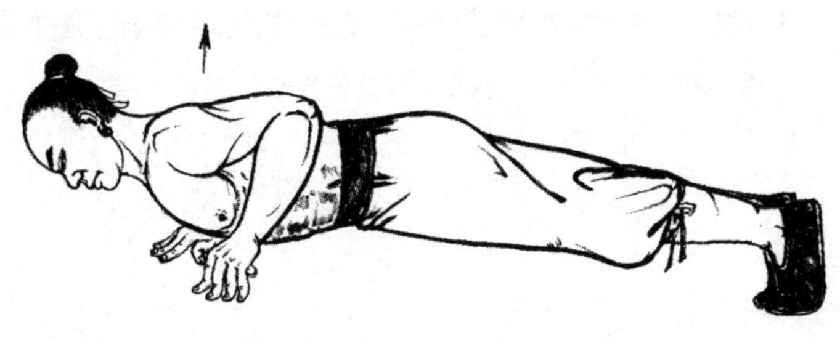

图 5–166

四、抓提坛子

1.备一空酒坛，练功时马步桩立于坛前，精神集中，气沉丹田；目视酒坛，调匀呼吸后，用一手的拇、食、中三指抓扣住坛口外缘，先以鼻吸气，待气吸满之后闭住，用意导引内气注入抓持坛口的手指上。（图5–167）

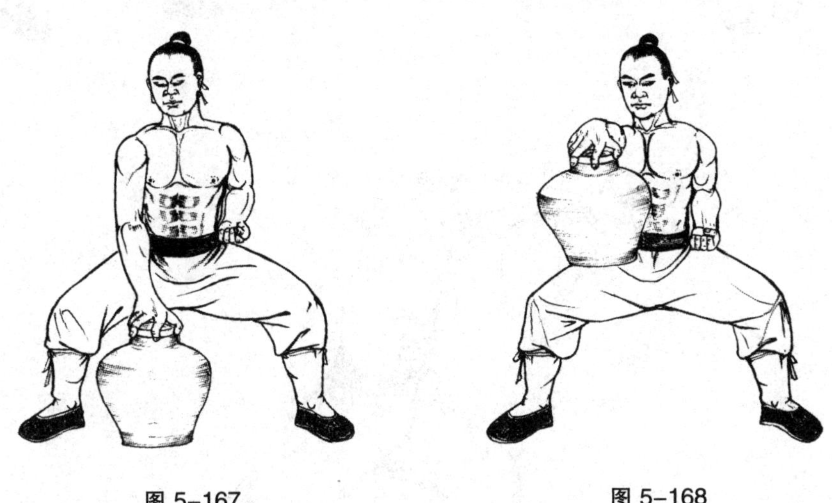

图 5–167　　图 5–168

2.然后将坛上提起，直至手臂抬至与肩平。（图5–168）

初习此功时，先抓空坛，至能随意提降空坛百余次后加水5千克于坛内，如法习之，直至练习水换成铁砂，将坛装满（约40千克）能随意升降百余次而力不乏，气不喘时，功具告成。

五、抓沙袋

用帆布数层相合密缝，制成正方形布袋，袋中装满铁砂，小袋10千克，大袋20～35千克不等，视练习者的功力而限，随时更易。

练习时，右手抓起沙袋，用力翻腕上抛，使沙袋向头顶上空腾起；当沙袋下落时，左手迅速上举接抓住沙袋。（图5-169～图5-171）

图 5-169　　图 5-170

图 5-171

接着再上抛，右手接抓。如此反复，随着功力渐增，逐步增加沙袋重量到30～35千克为止。反复抛抓，变换花样移动身法、步法、手法，35千克沙袋能抛接百余次即算功成。

六、推砖法

用四块砖头，质地不限，红砖、青砖、沙砖均可，以每块2~3千克重为宜，初始可用四块半截砖，待功力增长后再用全砖，但得记住一条，一手抓住两块砖，完全靠指力固定，不能用任何绳线将其固定，切记！

预备势

两脚开裆直立，与肩同宽，全身自然伸直，两手各抓扣住两块砖，下垂于左右体侧，手心向下。然后做深呼吸，逆腹式呼吸24次。（图5–172）

（一）马步势

1.右脚横开半步，上体下沉蹲成马步；同时，鼻吸气，两手抓住砖头向左右缓缓抬臂至肩平，手心向下，此时气刚好吸满。（图5–173）

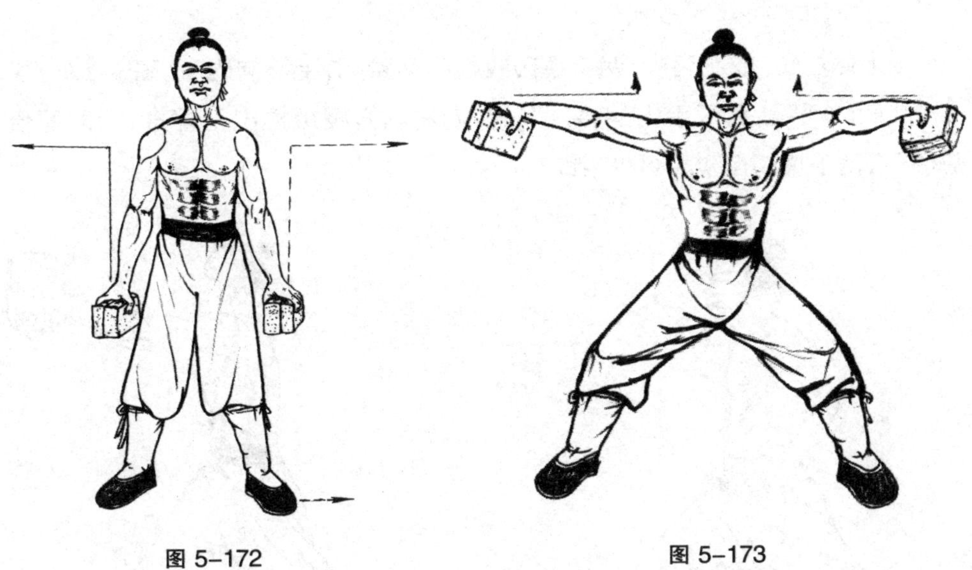

图 5–172　　图 5–173

2.两手向内收拢，配合鼻呼气，两手屈肘臂由至两腋前时，再吸气，两手同时缓缓向正前方推出，宽与肩平，手心向前；在双臂伸直时，闭息略停数秒。（图5–174）

3.呼气，将两手收回，闭息，肘肩部不动，两前臂向外张开，手心向前，略停

数秒。（图5–175）

图 5–174

图 5–175

呼气，继配合吸气两手向内合拢，再向左右开展如图5–173势。此为一遍，照此反复做12～36遍后，进入下一势练习。

（二）弓步势

1.上体左转，成左弓步，两手握砖收抱于两腰际，手心向内。（图5–176）

2.调匀呼吸后，两手内翻将砖竖起，向左前方缓缓推出至臂直；同时配合鼻吸气，两手虎口向上。（图5–177）

图 5–176

图 5–177

3.接着，将手收回腰际，上体右转成右弓步，用鼻呼气，调匀呼吸。（图5–178）

4.两手内翻将砖竖起，向右前方缓缓推出至臂直；同时配合鼻吸气，两手虎口向上。（图5–179）

图 5–178　　图 5–179

5.上体左转成左弓步，同时，两手收回向左，左手伸臂，右手扣砖停于左大臂内侧；然后呼气。（图5–180）

6.身体右转成右弓步，同时，右手扣砖向右前方推出，左手扣砖向右收停于右大臂内侧。（图5–181）

图 5–180

图 5–181

做到此处为一遍，然后再接图5–176势，如此反复操作12～36遍后，进入下一势练习。

（三）打躬势

1.左脚内收伸膝直立，两脚开立与肩同宽，同时两手扣砖向左右平展臂，砖竖立，虎口向上，调匀呼吸。（图5–182）

图 5–182

2.两手内合至肩前时，下沉，随上体前俯下势，两手扣砖向左右分开，高与踝部平，手心向下，臂伸直，两膝挺直，头面尽量向前下俯；略停数秒。（图5–183）

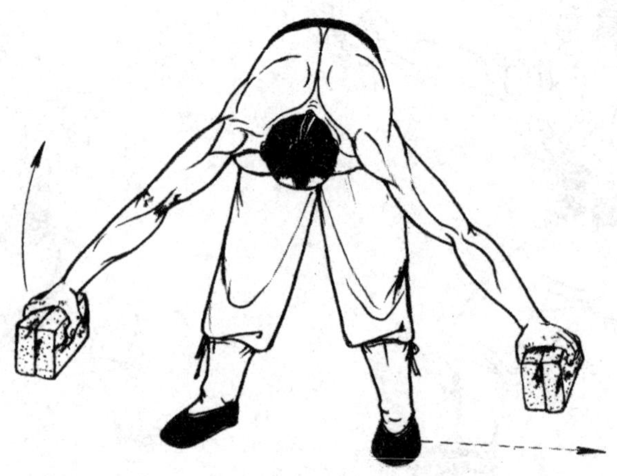

图 5–183

继起身成图5-182势，照此反复做12～36遍后，进入下一势练习。

（四）仆步势

1.身体起立后左脚摆移一步，重心右移下沉成左仆步，同时，两手扣砖成手心向上，向左右推移，左下右上，至两臂伸直为止。（图5-184）

图 5-184

2.重心左移，伸右腿成右仆步，同时两手扣砖内收随仆步之势再向左右伸推，手心向上，呼吸自然。（图5-185）

3.右脚内收一步，抬身起立的同时，两手扣砖向头顶上方举臂，手心向下，略停数秒。（图5-186）

图 5-185

图 5-186

4.然后，左脚侧摆一步，紧随下沉身成左仆步；与此同时，左右手扣砖分臂，两臂与肩平，手心向下。（图5–184）

5.紧接着，重心左移，两手内收，继成右仆步时，两臂左右平伸，手心向下。（图5–185）

6.练至此处，即为一遍完，然后再接图5–184势，反复操练12～36遍为止。

七、阴阳铁球功

1.先备铁铸的1.5~2.5千克圆球若干，练者每日有暇，即手盘铁球两个进行练习。（图5–187）

初时单向转动，要求灵活，两铁球互相转动而不相碰。继而正反相交替盘球，要求每次转球的时间逐步增加。一手疲劳无力时，可改换另一手转动。

2.直至一次能盘球半小时以上，即可加1个铁球，两手正反盘旋3个铁球。（图5–188）

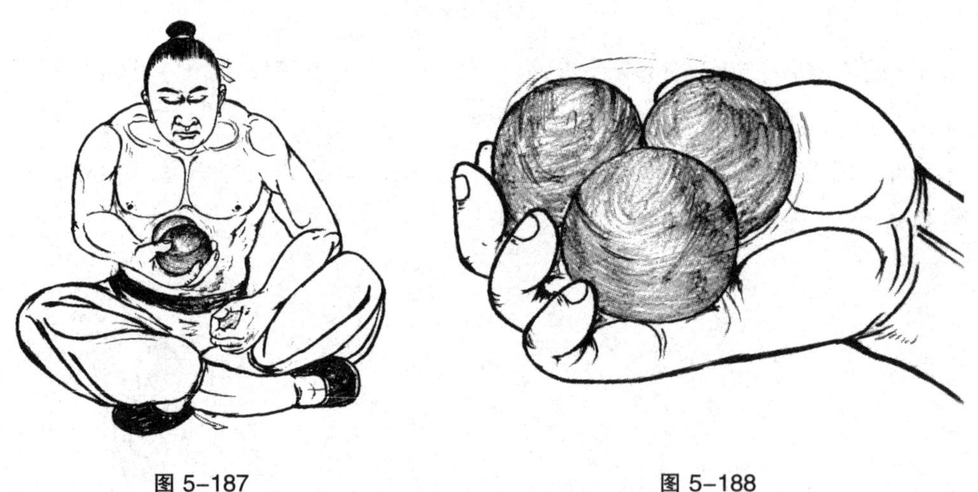

图 5–187　　图 5–188

如此能转30～60分钟，第一步功夫成了，此时十指力量极大，腕关节也非常灵活有力。

八、注意事项

1.凡练爪功，必须经常检查并保养好练功器具的质量与清洁度，尽量防止手指破皮感染。

2.爪功练习前后，一定要摇腕运指，促使手指血液流畅，保持腕掌指各小关节的灵活与柔韧性。常备中药地骨皮、菊花二味煎水洗手。当手指产生血泡，不可急于剪破，待其自消，如指掌破皮，可稍停歇进行治疗痊愈后再进行。

3.用药之法同前面的掌指功用药相同。

第十四绝　千斤坠底铁臀功

臀胯系下盘之重镇，最要与肩相随，肩往左，则臀摆左，肩向右，则臀随右。在武术的练习与技击运用中，对臀胯的要求非常之严格，而在武术功法之中则很少有专门练习臀胯硬功，因人体的臀胯部本来肉厚力雄，有一定的抗击度，同时，在技击中是一个隐蔽性的打法，很难突出表现其威力；所以，一般在武林界中就很少有人专门练习臀胯功夫的，更没有以臀胯功在武林界扬威成名之人。

流通门秘功中的千斤坠底铁臀功，也称铁屁股、屁劲功。是本门相当重视修炼的功法之一，在基本功中就有臀锋靠撞之法。臀功的练习与裆功几乎是同时进行的，以内壮为主，继而排打外练，功成后抖发劲可将敌弹出丈外，如以臀坐之，可碎砖石。

一、千斤柱地桩

练习者马步桩蹲立，大腿面呈水平状，膝与脚尖略外摆，头项身腰挺直，两手握拳于腰间；另取长方形麻石一块，左右两旁各鑿一鼻孔，重约50千克，放置于大腿根部。

同时须鼓气下沉，使全身之劲向下扎，收紧肛门，使臀胯肌肉紧张。深吸一口气闭住，意想气贯注于大胯入脚底涌泉穴。至气闭不住时，然后才呼气。练至能承受50千克之石蹲桩30分钟后，再加重石至约75千克，同时脚下垫砖加高位置，如法进行吐纳练习，每次量力而行。

二、骑马打躬

1.开裆步而立。（图5–189）

2.吸气，重心下落双腿成骑马势；然后，挺胸折腰，两掌用力握拳屈肘平行上抬，拳心向上，至头前下方，两肘弯折成约90° ，肘尖停于头斜前上方止，闭气。（图5–190）

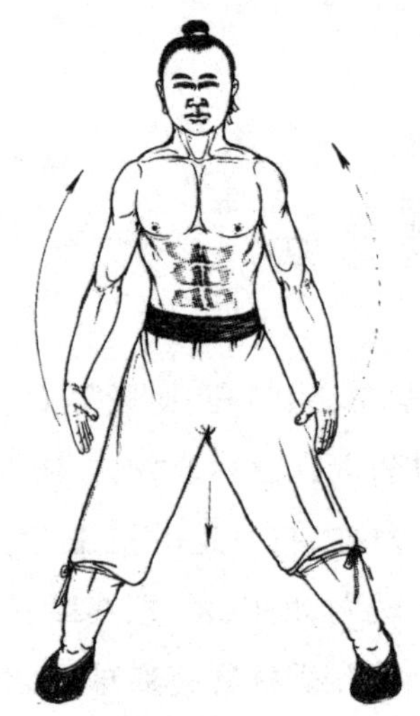

图 5–189

图 5–190

然后恢复起立，口吐气发“嗨”声，然后再闭气行功，反复36次。

【注意】

1.此势较难掌握好，高血压者忌练此势。

2.做下躬身闭气时，面红颈粗血管胀为正常现象，不必害怕，打躬时胸要尽量提凸，意在两胁肋，肛门紧收，臀部肌肉紧张。

3.此势专为抗打，主要锻炼股部、臀部、胸、腿、后背、两胁肋兼头部的抗打。

三、野牛蹭痒

选一根大树，于自己臀高处绑布条（或铁砂袋）。

1.练功时，吸气，吞咽入丹田。然后上左步向后落地踏实，使胯临近木桩，猛然右转体撅臀转胯，肌肉紧张；喷气，左臀猛力靠击在树干上。（图5–191）

然后，回步调气，上右脚撞右胯，左右胯交替练习，方法相同。

2.接着以背对木桩而立，两脚开立与肩同宽，双膝微屈，肩背部贴近木桩上段，同时深吸气吞入丹田，紧收臀部肌肉，两臂斜伸于前下方，全身着力将气闭住。（图5–192）

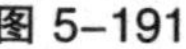

图 5-191

图 5-192

3.两手握拳上屈臂，头向前一低的同时，臀部猛然向后撞顶，鼻喷气助力。（图5-193）

反复做上述动作36～49次。

图 5-193

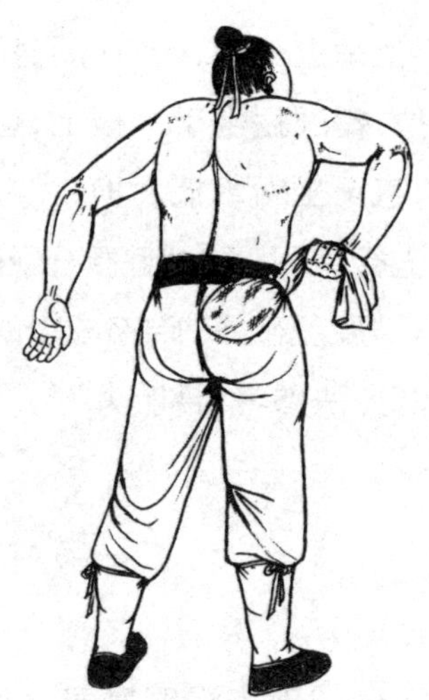

图 5-194

以上两势动作练至猛撞猛击不觉疼痛时，去掉沙袋，撞树干或在砖石墙上碰撞抵靠，呼吸方法相同，日久功深能臀撞墙倒，胯靠碑裂。

四、排打法

备一长筒沙袋，粗8厘米，长50厘米，帆布制成，内装绿豆拌花椒。

两脚开立与肩同宽，膝关节稍屈，调匀呼吸，心静神宁，意守下丹田，全身放松，口自然闭合舌尖上舔牙的龈交穴。约站5分钟，待气盈神足，即可开始排打。吸气入丹田，全身布气，肌肉紧张，意注两大腿，先行排打左胯，密行操之；再行之于右胯，每击打时，鼻喷气一次。

身体直立，右手持袋排打左侧臀胯，继排打右侧臀胯。（图5–194）

至任意操打而不觉痛时，绿豆易以铁砂拌白芷花椒进行练习。

【注意】

排打之时，对尾闾部位的击打力度要适当，须循序渐进，由轻至重的拍击之，严防重力伤及尾闾穴而留下终身残疾之痛。

五、仙人坐桥

备两个石墩高45厘米，距离1.5米，横放一块4厘米厚、30厘米宽、2米长的坚实木板一块（初以杉木板为宜），恰如一条板凳样。练习时站立于木板前面，以坐下时臀部能坐着木板中心为宜，高马桩蹲立，吸气吞入丹田，提肛紧臀缩阳，双手上举过头顶，闭气，周身肌肉紧张。鼻猛地喷气的同时，双手猛地下收屈肘后拉，臀部猛坐于木板上，意想一屁股坐断木板。随后抬臀吸气再下坐，反复进行，直至坐断木板后换一块加厚的练习。一年后，木板坐断无数时，即换圆木树干进行练习，至能随意一坐就能坐断碗口粗的杉木棒时，用砖数十块平叠如膝高，一屁股坐下，砖碎成粉时，臀部功夫即告大成。

用药方法参考“铁胎丸”与“铁甲汤”即可。

第十五绝 神功太子劲

俗话说：“男子阴器最弱，女子双乳极嫩。”故历代武功家都有“铁裆”“狗眼”的训练。拳谚曰：“上打鼻梁下撩裆。”也就是说，阴裆部位是武术技击中首选的攻击部位，一旦击中，非死即残。所以，对裆部的训练，对每一个练武之人有着不可低估的作用。

中国武林门派中，少林称为门裆功、金蝉功、吸阴功；武当则称肾子功或马阴藏相；南派拳功中称之为铁裆功。其称谓不一，而其功效是一致的。流通门中习惯把功称作“劲”；所以，对阴裆部所练的功夫就称作“太子劲”（注：与峨眉僧门的太子劲各是一码事）或“童子劲”，有时也叫“藏相劲”。属“六神通”之一的“漏尽通”。为软功内壮之法。其中之法门有二，此功从幼年未失童贞即修炼者，称为“硬裆”，在功成时能将肾子（即睾丸，中医称睾丸为外肾）吸入腹内（即形成马阴藏相功夫）。成年之后（即青春期第一性征出现梦遗滑精时起）练习此功，则称为“软裆”。软裆就是裆部能抗打击，但睾丸不能吸纳入腹的藏起来，但功效与硬裆是一样的，功成后裆部可任人拳打脚踢而无恙。

总而言之，不论是软裆、硬裆，对于人体是有相当之益处的，特别是对阳痿症、早泄滑精、性冷淡、头晕乏力、心悸耳鸣、神经衰弱、腰痛肢冷等症均有卓著的疗效。当然，此功一般都是针对男性而言，女子则另当别论了。

流通门对此功的修炼部位，不是仅指外阴（阴茎和睾丸）的训练，而是对小腹下毛际、大胯内侧的长收肌、股薄肌、缝匠肌、会阴部、肛门等一系列的抗击练习。同时可与“千斤坠底铁臀功”同练。该功以内气为主，辅以外壮，全功约需两年苦练不辍，方可成功。

一、培元功

练习者盘腿而坐，头身自然端正，松肩合胸，腹部宜松，口眼微闭，头顶百会要与会阴部成一条垂直线，鼻尖、肚脐和丹田应在这条直线上，两小腿交叉盘起，左腿在上，右腿在下，或右腿在上左腿在下均可。双掌在小腹前相叠，右掌在上，左掌在下，或右掌在下，左掌在上，两拇指相抵结成太极印。（图5-195）

图 5-195

练功时，口眼微闭，舌尖轻舐上腭，一身肌肉放松，思想安静，意念轻微地集中在头顶百会穴或下丹田；呼吸柔和自然，意守丹田3～5分钟后，用顺呼吸法（即吸气时下腹部稍凸起，呼气时下腹部稍凹陷）进行缓慢、柔和、自然的呼吸。鼻呼鼻吸，先呼后吸；吸气时意想天上日月星辰随着自己的吸气动作从头顶正中处垂直下行腹中直至下丹田内，并慢慢充润整个下腹部。吸气的同时，柔和地提睾丸，收缩肛门；呼气时松肛门、睾丸，不要做任何想象和意守，如此一呼一吸，反复练习30～60息后，即可收功。收功时，两掌重叠，右掌搭在左掌背上以左掌心劳宫穴按压在肚脐上。先按顺时针方向从内向外绕36周，然后又逆时针方向从外内绕36周。功毕用双掌搓热干洗脸36下，缓行散步，放松肌肉。然后进入下一功势的修炼。

二、马阴藏相

培元功习练3个月后，丹田内气已足，即可练运气吞气之法。练功时自然端坐，先吸一口气，用意念吞下送至裆部，精力集中，不能有丝毫杂念，吞气36口后，进行吊裆练习。吊裆需要收臀、提肛、收缩阴囊。两膝盖，大腿向外撇，使裆撑圆，形成会阴部的肌肉绷紧，阴囊上提，再以腹吸气睾丸逐渐上升。膝盖、大腿外撇时，两足与肩同宽，足尖微向内扣，足趾抓地，这样裆就能吊起了。裆即是两腿根之间的会阴部位，大腿根开，裆部随之吊起；会阴、阴囊、阴茎同时吊起，这样有利于提升睾丸。呼气时腹部隆起，膝盖扶正，裆就自然松弛下来，由于上述一紧一松，睾丸也随之吊起来。这样使气力上下往回，周而复始；日行数次，初时不甚觉其异，练之久时，每于注气力入丹田时，其阴囊胀气如球，吸气上提时，则睾丸亦渐随之活动，终而至于随气力而吸敛于腹内，其外仅余其囊。

三、兜擦吊挂功

上势练毕即进入此势。两脚左右摆开使裆撑圆，足膝外摆；右手掌指兜住阴囊，左手按压在肚脐处，呼气时，左手从膻中沿任脉向下按摩至耻骨联合上方，右手同时配合将阴囊向上兜提。吸气恢复到原来的位置，如此共做81次后，即换手如法行之。

然后双手掌相互搓擦至热后，先用右手掌抓持阴茎及阴囊根部。并紧握之，以左手掌心按压在双侧睾丸上，然后稍加压力地由左至右进行回旋揉按，揉49圈后，再换手如法行之；再以双手十指分别抓捏双侧睾丸，然后稍加压力地进行上下搓劲，一上一下为一次，共搓49次；然后两手将睾丸固定之后，将其分别向左侧和右侧腹沟方向推顶六下，再以两手掌合拢将阴茎夹住来回用力搓动81次（注：如有勃起欲射精之状时，可用手中指点会阴穴几秒钟，仍有勃起可用手拖住睾丸后以鼻深吸气一口闭住，淫意自消）。

以上功毕，再用软布条下栓一重物（2.5~3.5千克），上端缚于阴茎根部固定紧；然后两脚分开，与肩同宽，随之身体向前，向后来回摆动，使挂重物亦随身体的摆动而前后摆。在身体前后摆动时，可以配合下肢轻微的屈膝下蹲动作，但不要使重物摆动的幅度过大，重物前后摆动时，不要超过90°。摆的次数从12次逐渐加至49～81次；重量随之加至17.5千克。每次练习完毕，进行收提24口气，去掉重物，双掌搓热，然后轻轻搓擦阴茎及双侧睾丸。

四、软排门裆功

两脚分开比肩略宽，上身稍向前躬，左手（或右手）从上往下以掌面压盖住阴茎及双侧睾丸，然后右手（或左手）从裆部向上兜按双侧睾丸及阴茎，然后按上法以右拳（或左拳）抡击左手背（或右手背），共81次。功毕双掌搓热后轻轻搓擦阴茎及睾丸。

此法行之3个月后，即换以松质木板轻轻拍打阴茎、睾丸、大腿内侧、会阴、小腹部，直拍至感到热麻痛为止，日久不觉疼痛时更易以沙袋行之，两拳互击操之，如立身用拳猛击而毫无痛感时，则功具告成矣。

五、骑马夹鞍功

此功不但可为单项练习，也可与前面四段的练习合练之。一旦练习有素时，其裆之力量相当之大，不论对方拳腿攻击，合腿夹裆更可将敌拳臂腿脚夹住，取得反败为胜的目的。

用木桩两根，上端均留一叉，固定于地面，相距约四尺，留于地面高与练习者膝上约15厘米为宜。然后将一石担（重约50千克），横搁于两柱叉上，在石担杠的中段绑扎一铁砂袋，直径为30～50厘米。

练习者屈膝骑于砂袋上，吸气吞咽运气于胯，收肛缩阳，两胯内侧着力夹住沙袋，伸膝蹲立而起，将石担夹提而起；然后放下呼气。如此行功至力乏为止，练到裆夹石担站立30分钟而不下掉时，将石担加重至60千克进行练习。不可贪速求快，循序渐进，重量逐渐增加至100千克，如能将其夹住5分钟不掉，此功即算大成矣。

六、注意事项

1.练习此功，首当戒欲；因为阴部是神经反射区相当强的部位，稍有触及更反射于大脑中枢，如经摩擦更会引起性兴奋，导致泄元滑脱而走失也。所以，有练功不成反而有损身体健康，导致痨病缠身。凡是人，皆有七情六欲，一切欲望之中，莫不以情欲最盛。为保障功夫精进，必当灭欲去淫念，禁止看与色情有关的电影、画片、小说之类，多读哲学、宗教、修养、周易等较严肃的书籍。而练习太子劲功夫，是主动的触及阴器，有强刺激的动态，除思想端正外，还要借助于药功，和具体的禁欲回阳功法。道家有十六字口诀，即"一吸更提，息息归脐，一提便咽，水火相见"。具体用法是：先吸气至会阴穴，然后由会阴穴提起，提至脐内（即丹田），此时咽津一口，谓之水火相见。水喻肾阳，火喻心意，水火相见，即心肾相交，使水升于上，而火降于下，水经火炼，化而为气，气归身中，返还丹田。此法可连续使用，直至阳回而止，然后再以其真意温养丹田，谓之封固。

2.如遇功中兴阳欲射时，按第三段练习中的指点会阴法外，即用运转河车，搬运周天法来止住兴阳而达到回阳之功。即从海底提起，循督脉上升，经背后尾闾、夹脊、玉枕三关，直上泥丸宫；再由泥丸下降，经上鹊桥、十二重楼、绛宫入下丹田，如此循环不已，直至阴具消缩后，再做正功练习。

3.排打之时应特别小心，由轻到重，不可强行蛮练，预防裆部损伤，在排打期间，每次必以药物熏洗，以便促进功夫的进程。

七、药物秘方

1.培元丹：人参、黄芪、枸杞、巴戟、菟丝子、女贞子各30克，杜仲、破故纸、车前仁、茯苓、苁蓉、黄柏各20克，韭子、锁阳、小茴、甘草各15克，熟地、当归、地骨皮、五加皮、牛膝、玉竹、骨碎补、狗脊各10克。

上药一剂，装入瓦罐内用米酒浸泡约一横指许，密封1个月后启用。此方仅供已婚者内服练功，补元气之不足。

2.神效密精散：芒硝9克，冰片0.3克混匀，睡前放于掌心，两掌相合，外用新白布缠紧勿令气泄。可加一层塑料布，防止化水后渗出于外；用后温水洗手，隔7天后再用一次，此药能密精，供"练己"不足，阳具勃起次数频繁，又不想行周天者，用药2~3次，可保练气通关时阳具不兴，真气上升而精不泄。

3.海桐皮汤：紫苏叶、苏木、当归、赤芍、白芷、白蔹、海桐皮、透骨草各10克，连须葱10根，水煎煮洗裆部。此方专为排打所设，具有疏通气血消肿止痛的功效。

第十六绝 金刚铁膝功

铁膝功是专门练习两膝爆发力与坚硬度的一种进攻防守的专门功夫，在武术技法中称为短腿，因此多不为人所注意。习武练功之人，技能不患其多，愈多愈妙。以全身各部而言之，多练一处，即少一处受攻击之处，且有时亦正可利用平素不注意之处而制人。膝部本很坚强，但无肌肉与脂肪保护，触及硬物易受伤，给练功者带来了一定的艰苦性，但只要循序渐进的刻苦修炼，一双肉膝更会变成坚硬异常，浑如铁铸的铁膝，凡与人较技，或攻或防，在猝然之间不及用手脚时，即利用膝盖可置敌于死地。

在人体七拳中，膝与肘同属残毒之器，非生死拼搏不可滥用之。其修炼之法，首当循序渐进，内外同壮，揉摩之法加之撞物排打而层层磨炼，兼及技术动作互相配合训练而成。

一、老君打坐

盘膝而坐，调匀呼吸后，以两掌相互搓擦至热，按在两膝盖之上，先顺时针，再逆时针方向，各揉摩81圈。（图5–196）

图 5–196

然后，再用双掌同时拍打膝盖108～360次，直至双膝发热、发麻后，继用双掌再摩，接着用双拳同时进行捶击双膝盖，以108～360次为限数，后又揉摩。功行完毕，起身作屈膝下蹲36次，活动筋骨后，进入下一势的练习。

二、伏虎桩

1.马步桩蹲立，双拳抱于腰间，深吸气吞咽入腹，全身聚力，肌肉紧张。（图5-197）

2.左拳向上经胸前推至右肩前，拳心向下；右拳经小腹推至左肋间，拳心向上，两臂平行；同时，配合鼻深深吸气，目视前下地面。（图5-198）

图 5-197

图 5-198

3.左拳向左下后格臂，拳心向左，右拳上翻，垂肘立臂于右头侧，拳心对耳；同时，喷气，左膝向地面猛力下跪，右膝蹲立，头微左转目视左侧方。（图5-199）

4.动作略停，抬左膝，回身蹲成马步桩；右拳下压至左肩前，左拳上抬至右膝下跪地，左拳上抬，右拳下格，鼻喷气，与左跪膝动作相同，唯姿势相反。（图5-200～图5-202）

至此即为一遍，反复做上述动作12～36遍。

初练此法时，地面应选择松软无石子处，预防损伤膝骨与皮肉，因为膝的力量较大而膝本身容易受伤，必须经层层磨炼方能至坚硬。

此势练习时，全身意力注于膝盖之上，每跪一次，意想恨不能跪碎石板。每势动作需气与力合，声与势合，环环相扣地进行。

图 5-199

图 5-200

图 5-201

图 5-202

三、撞铁砂袋

在树桩上绑布条（或铁砂袋），约与胸、腹部齐高，用两膝交替前顶、横撞法，进行对砂袋操打，力度由轻而重，直至一阵猛撞不觉膝痛和皮伤时；放去沙袋，直接用顶法，横撞法对大树干击打。（图5-203、图5-204）

日久功深，一双肉膝有如铁杵，顶住人体必致筋断骨折的惊人功夫。

图 5-203

图 5-204

四、运气捶打法

上面各势练习完毕，再行弓步站立，吸气吞入丹田，运气至膝部，初用手掌翻拍抡击，后用竹刷把排打，再易铁丝把，最后则用铁砂袋（长筒形）进行排击。（图5-205）

图 5-205

排打时卷上裤腿，露出膝盖，先以药洗，排打后再洗。左右膝交替进行，每次排打不少于1000下。随着功力的增进，砂袋排击而不觉痛痒之时，即用一手持砖排击，如将砖排击膝盖而砖碎，达到一击一碎之时，铁膝功成矣。

铁膝功的练习，一般都是以臀、胯、腿、脚同时练习的。所以，在用药方面应与铁臀功、铁腿功两种功法中的用药法互相参照借鉴，一般的练功者，练单项，必须以专项之功辅之，如是同时练习多项硬功，其中药方取其一二可行之，希望习者特别留心。

第十七绝 鸳鸯铁腿功

腿技，武术史上很早就有"股肱""手足"的记载。早在春秋战国时代，为了适应作战的需要，训练士兵以锻炼拳脚，体力和胆量为主。后来经过历代武术家的积累，整理和创新，孕育了多以腿法结构为中心拳种流派。清代技击家甘凤池所著《花拳总论》中，就详细地记述了108种腿法，第一次系统正确地把历代格斗的腿技精华流传于世。

在运用腿技时，不但要精于技巧之法，更重要的是必须具备高深的腿足硬功，达到无坚不摧，跺脚地陷，脚踢碑裂、树折的惊人功夫。有了腿功作为基础，腿技才能达到应有的发挥。

关于铁腿功的练习，各门有各门的练法，地术犬法中要求天天做锤打腿胫的练习，先用木棒，继用小铁锤，最后用八磅大锤，每天早晚打腿（两小腿内侧胫骨）数百下，练到最后结一层厚厚的老茧，使两腿有钢铁般的劲力和闪电般的敏捷。而在流通门中的腿功练习就没有那么痛苦，而是内气为主，循序渐进地练习，只需苦练百日便可初步达到跺脚碎数砖，脚臁断木棒的功效。

就铁腿功的练法，在少林七十二艺中有铁扫帚、足射功、石柱功、拍木桩等，都属于铁腿功。在流通门中的铁腿功练习，与他门不尽相同，在练习部位上，就臀部以下均称为腿，既然是"腿"，就得经过训练。其中包括大腿、膝盖、小腿、足的几个部位训练，练习之法以柔韧性、力量速度、坚硬等几方面的修炼。

一、柔韧性训练

1.压腿：练习者站在与己齐腰高的桌前（或平台、或压腿支撑杆均可），将一腿放置桌面，并将双手按与膝上。随后用力下压，支撑腿膝部挺直，且在不拉伤肌肉的情况下，收颌以使身体尽量前倾，前伸双掌抱住脚掌，尽可能地将下颌贴近于脚尖。进行有节奏的一起一伏，两腿伸直绷紧，两脚交替练习，每次练习压腿180次，然后做腿部按摩，下蹲运动，以活动腿部肌肉、筋骨，缓解其肌筋紧张。

2.拉退：练习时，可把一只脚套进一个系有活结套的绳索之中，并利用一个固定在横架上的滑轮为支点，继用手拉绳索，这样就可以将你的那只腿伸到你所能忍受的最大限度。在坚持片刻后还原，再换另一条腿重复这样的动作。此项练习对于一个没有武术根基的初学者来说，固然是件很痛苦的事情，但须知道，柔韧性的提高绝非一朝一夕之功，因此必须经过长期坚持不懈的专门训练，才能使双腿踢击时产生"出神入化"的效果。

3.俯背贴膝：此势练习可发展大腿后肌群及腰前群肌的柔韧性。练习时，两腿并拢站立，两手十指交叉并用力上举至头顶上方，接着，上体前俯弯曲，双手掌撑地，双膝伸直绷紧，使躯干贴紧腿部，前额触贴膝盖。

另一种在下俯时，双手可紧抱双踝后部下俯或双手抱头后枕部下俯，使头触贴膝盖。

4.下腰：此势可发展颈、腰背肌群的韧性与力量。训练时，两腿左右开立与肩同宽，双手上举后仰，两腿稍向前弯曲。上体向右仰弯至双手触地支撑，使整体呈桥型。手触地面尽量与双脚后跟靠近迈动。

5.仰卧举腿翻劈叉：训练时，身体仰卧，两臂着地，双掌在腰背部撑地使之提伸，两腿并拢继而分开尽量向上伸，直至头后顶触地。继之双腿右倒，右腿收屈，左腿伸直触地；接着上体翻起，左脚触地前伸，右腿后伸成两腿左右分开使髋关节尽可能展开坐在地上。上体左转，双手抱住左踝关节两侧，身体向下俯贴，使胸部贴膝。然后再换练右侧，要领相同。

紧接着，双手分别握住两脚踝部，上体正前俯，用胸部触地面，进行压拉髋、腿韧带。然后再后翻身按起势重复练习。下盘会异常稳固，是腿功的入门基础，必经之道。

二、力量训练

（一）千斤坠落桩

1.身体自然站立，吸气贯于右脚；此时右脚有一种巨力和热胀之感，然后

轻轻地将左脚抬起。(图5–206)

2.身体下蹲,同时吸气,引内气贯注于左腿,右腿微屈蹲下,身体微缩,呼气时将左腿蹬出。(图5–207)

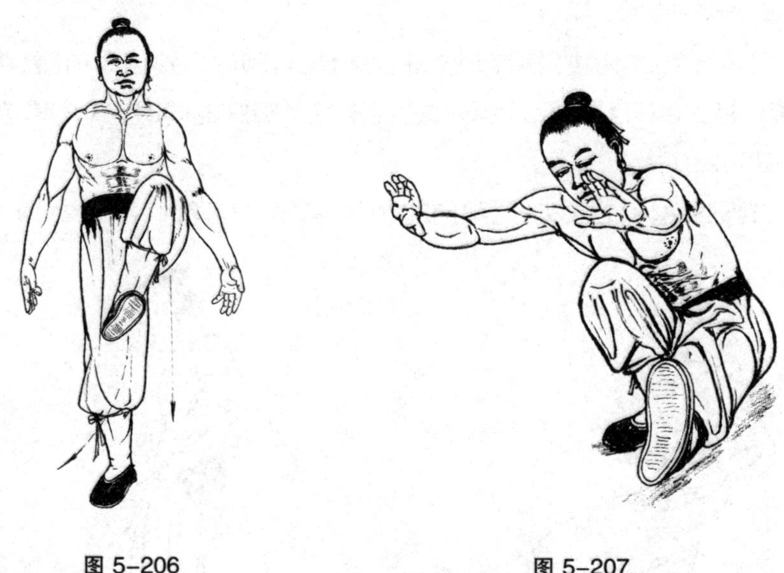

图 5–206　　图 5–207

然后,身体升起,左脚之气贯于左腿,直达涌泉穴,吸气。如此连续地做12～36次后,再换另一腿练习,动作与左脚的练法动作相同,唯姿势相反。(图5–208、图5–209)

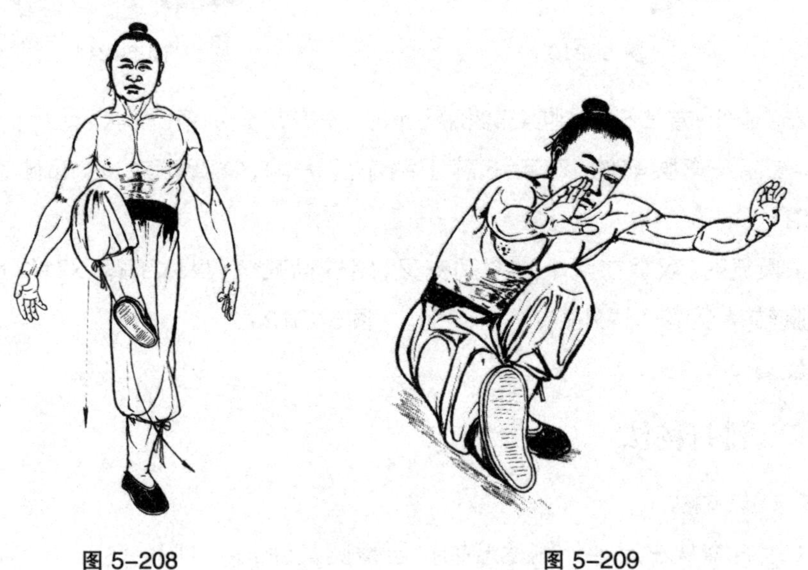

图 5–208　　图 5–209

15天后两手可抱沙袋，两腿缠绑沙袋（初以2千克为宜），随时间增长，沙袋重量亦随之增加，直至能抱50余千克，两小腿的沙袋先是至25千克为止，即算功成。

（二）气壮脚臁

1.身体直立，双手握拳抱于腰间，先抬起右脚以足跟用劲前蹬，脚尖上勾并外旋（使蹬足时自觉足跟发麻），通经走气。蹬脚的同时，鼻喷气，落脚时吸气。（图5-210）

2.右脚落地，抬起左脚，足跟向前，配合鼻喷气猛蹬。（图5-211）

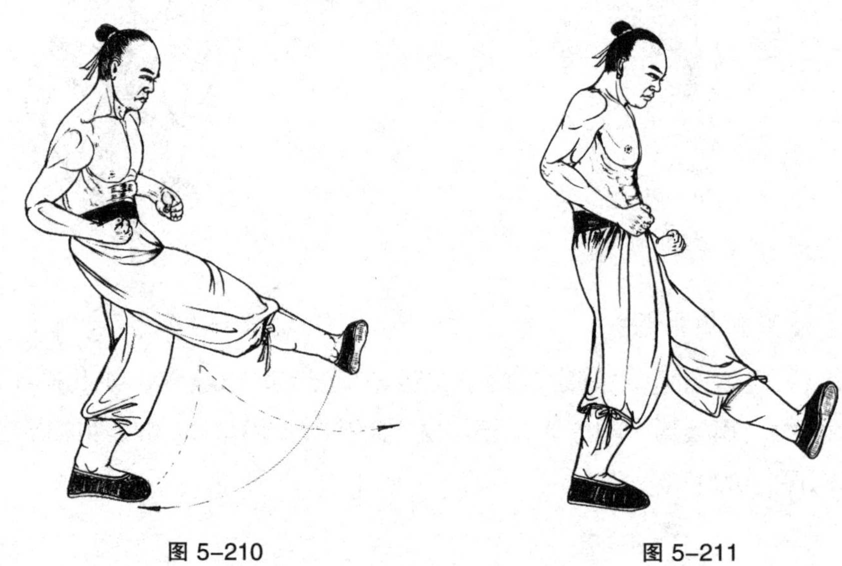

图 5-210　　图 5-211

左右脚的方法相同，唯姿势相反而已，左右足分别各蹬6次。

3.然后，弯腰前俯，双手下落于两小腿内侧，掌背相对，膝部伸直。（图5-212）

4.吸气时，双掌在两小腿之间交叉，用鼻猛喷气，身体下蹲，双掌分别往外猛翻腕转拳至两小腿外侧，拳心向上。（图5-213）

反复动作3次。

三、排打秘法

（一）软拍法

1.用右掌从左足踝外侧逐遍拍打至臀侧。（图5-214）

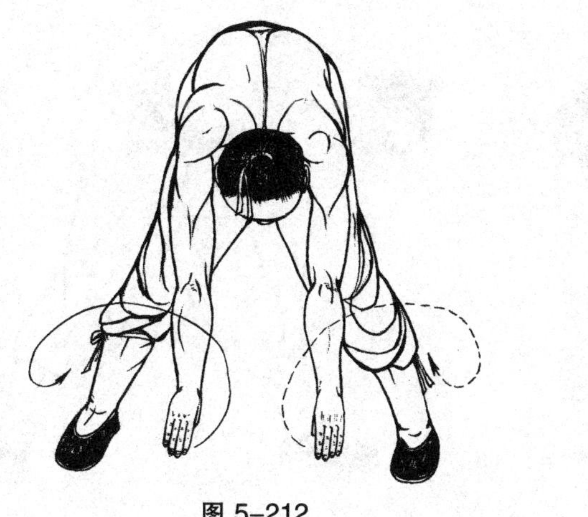
图 5-212

图 5-213

2.逐次向下拍打至脚外侧足踝部，一上一下共拍12遍后，再从足踝内侧拍打至胯根，一下一上共12遍。（图5-215）

图 5-214

图 5-215

3.从足背向上经前胫、膝盖至大腿根进行逐次拍打，一上一下共12遍。（图5-216）

4.左腿拍打完毕，换拍右腿，用左掌进行逐次拍打，方法同前。（图5-217～图5-219）

左右腿拍打完毕，已是双腿热麻有力，用掌拍打后，再用掌棱进行逐次砍击，方法与拍打相同，必须密密拍打尽腿部的每一部位。

（二）揭皮功法

用掌拍完，揉摩药水后，用竹刷把进行拍击。

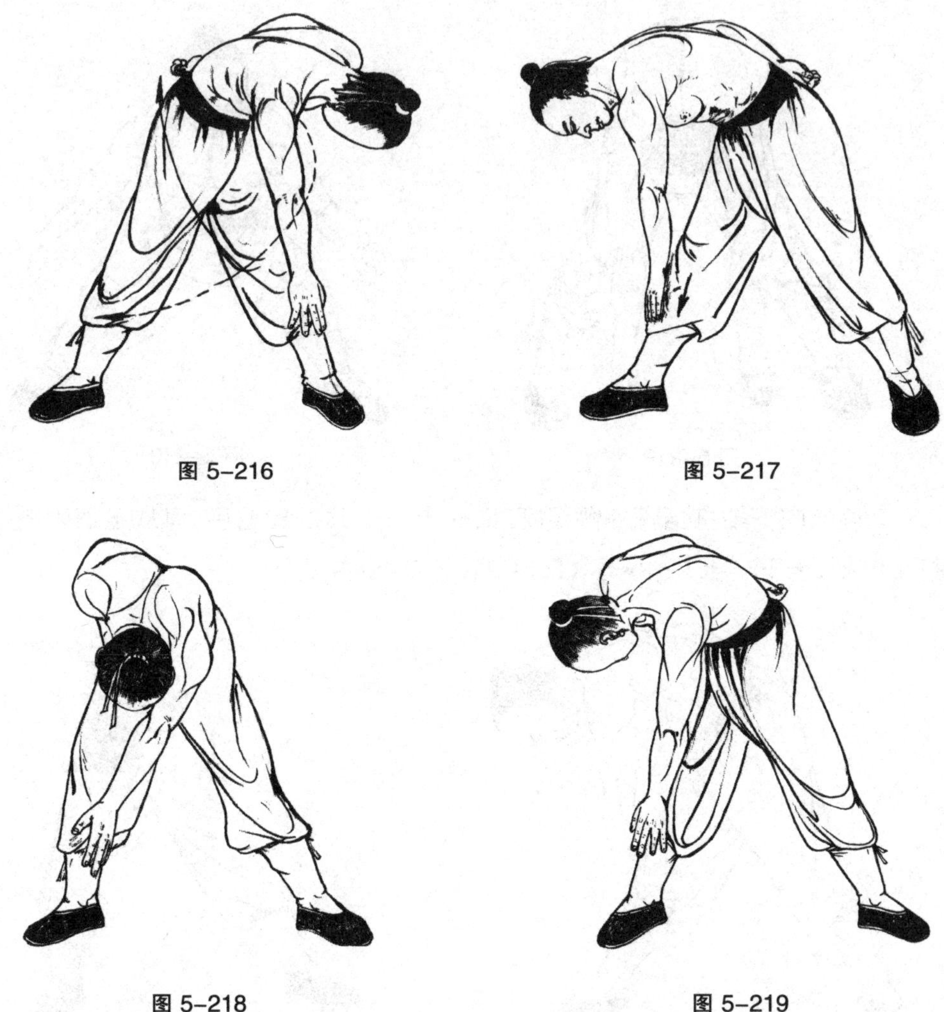

图 5-216　图 5-217

图 5-218　图 5-219

方法是：先用右手持把从左腿外侧进行逐次排打至脚背外侧小趾。然后再从大腿根排打经膝、前胫至脚背，继而拍击腿部内侧。左腿排打完毕再排打右腿，动作方法相同，总计排打36次。

此法行之半月，竹刷把易铁丝把，逐次铁砂袋（先用绿豆花椒，后以河沙，再铁砂），逐渐易换进行排打。（图5-220～图5-223）

最后即用木棒，木棒的用法也是由松软质木换至坚硬质木棒进行，直至铁棒操习而止。每一种排打的方法都是由轻至重，由慢到快的进行。

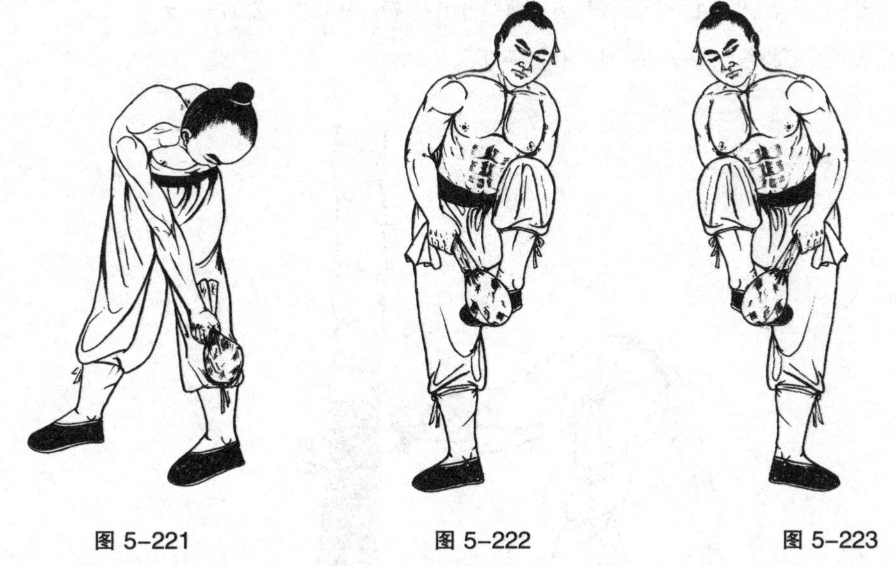

图 5-221　　图 5-222　　图 5-223

四、外壮神力训练

外壮神力的训练，是在前面两个阶段的基础上所进行的，它不但能训练出腿的出击力量和爆发力，而且同时能练出腿部的坚硬度。

（一）扫桩法

1.选树桩一根，于地面上至约90厘米全缠以麻绳或布条，练习时面对桩而立，进行左右低鞭踢击树桩，力点在足背和前胫。（图5-224、图5-225）

图 5-224

图 5-225

2.然后，下沉身用扫地腿法进行后扫击树桩。（图5-226）

两腿轮流踢扫，每天练习360腿为宜。

图 5-226

（二）铲板法

选一如砖头大小的坚实木板一块，斜置放于石梯阶直角处，使板中段空露。练习时，以脚掌侧缘横出铲击板面，左右脚轮流铲击，每天至少练习360腿为宜。（图5-227）

图 5-227

木板踹碎时，可用砖头试功，只要一出腿就能铲断时，可重叠两块、甚至3块，此时若能以脚掌外缘铲断，此功即算功成。

（三）弹射法

每次练习时，地面放叠砖3~5块，练习者站立于砖前，突起足以足尖为力点向砖弹踢。（图5-228）

图 5-228

初始容易踢伤足趾绑以布条，日久功深足趾生茧，一起腿更能将砖头弹飞数丈，即算成功，左右腿交替练习，长年不辍，功效自见。

五、注意事项

1.流通门的铁腿功练习，首先要循序渐进，由浅入深，由内达外的方法进行。四个程序训练不可错乱，必须得逐次刻苦训练之。特别是在外壮排打习练时的前后均需要用药水擦洗练功部位，以达到第二次练功时才能承受痛苦。

2.关于排打轻重问题是，什么事情都宜适中，太过和不及均不可取。尤其对于练功者来说，初练时，排打过猛，或操工具过重，都极易伤身。并且此时的呼吸和动作还不能相适应，难以形成自然的条件反射。若伤了身体，一是易产生畏难恐惧的心理情绪，再也不敢练功了；二是健身不足反而伤身，练功者要引以为戒。那么，是不是排打越轻就越好呢？回答也是否定的，如果你是为了将功夫练得扎实些，适当延长变换工具的时间是可以的，但是三天打鱼两天晒网就不行了，这样延长时间，功夫更难练成。

3.练功要的是一鼓作气，朝夕不辍，寒暑不间。只有这样才能练出超绝神功。

4.练习流通门的腿功的内壮外壮是不可分开的，如只练外不练内而成为“蛮练”，只练内而不练外，则成为“空练”。所以，应内外结合，阴阳并行之，习者切记。

用药法可参考“铁胎丸”“铁甲汤”二方即可。

第十八绝　陆地飞腾功

所谓“陆地飞腾功”者，就是进步如飞，而且能疾行百里之谓也。于实际临敌应用时，有所谓“打得赢就打，打不赢就走”“三十六计走为上”。古人所谓“走”，就是“跑”的意思，如果平时不加以训练，临时遇险，想跑却跑不了。

一、直膝原地跳

两小腿各绑沙袋一个，重量从2.5千克开始，逐渐增重至25千克。

双脚并拢站立，两腿绷直，裆部夹紧，两臂自然弯曲，目视前方，平心静息，吸气时收肛提气，双脚前掌蹬地上跃，两臂自然上摆，身体要直，双腿膝盖不得弯曲，两脚前掌落地后，意念在弹簧之上一般，触地即起，反复上弹跳50~100次为一组，每次练习3~5组。

二、跳坑法

选一空地，挖成90厘米左右的方坑，深度同练功者身高为宜，两手腕、小腿分别缚上沙袋，上身穿上沙背心。

初始以空身练习，跳出入坑内，活动全身关节之后，两腿自然站立，做深呼吸3次，呼气时，两手上升，吸气时，气贯丹田，两手随身体下蹲而下降，然后呼气两手随身体上升而上升，重做3次后，吸气时气贯于两小腿，身体快速下蹲，迅速腾起，使两手按住坑沿跃出土坑，把气微微呼出。全身放松，按上述方法做12~36次。（图5-229）

至能一跃而上坑沿后，再于腕、腿缚上沙袋练习。

三、跳阶法

找一坡石阶梯，站立于阶梯前平地上，两腿并拢站立，裆部夹紧，两腿自然弯曲，下蹲两臂后摆，上体前倾；目视前方，前跳时利用两脚前掌蹬地，吸气时收肛提气，同时两臂前摆，将身体跃起，向前上跳腾，利用两腿上弹，脚掌下蹬和两臂前摆之合力，向前面石梯猛跃，落地后，略停一两秒钟，继续向前上跳，开始2~3层，逐渐增至五六层石梯，可来回反复跳跃。（图5-230）

图 5-230

四、跃河法

当以上三层功夫练至一定的程度（弹跳力极好）后，便可以进行纵身跳跃一些沟渠、河面的训练。

练习者选一处宽2~3米的河沟，快速奔跑至河沿时，提气右脚前掌猛蹬地向前腾跃而起；同时左腿向前跨跃一大步，飞身而过，左脚前掌着地，身体前倾，落地站稳后，随即向前跑出数步，继而又返身进行回跑跳跃而过，每日练习两三次即可，不可过多。

五、跳高台

两脚并拢，站立于高台近1~2米，屈膝半蹲，两臂一引，身体稍前俯，两腿同时用力向上伸膝弹跳起，头向上顶，两臂从后向前上挥臂至头前方，使身体充分向上跳起；紧接着收腹收髋，两腿向前上屈膝上收，向高台伸长，两臂由上向下压动，两腿继续收吸，大腿于胸相贴，双脚同时落于高台上，身体团身蹲于台上。然后跃下，再腾身上跃，如此反复进行。

六、跑山

以上功夫练习到家，只能发挥腿部力量，可以蹿高下低，纵远缩近。但发挥出耐力和出足踏地的稳固性还不充足。

古时练武有打靶跑山的训练法，其目的就是练习陆地飞腾术的耐力发挥。于蹿高下低，纵远缩近而踢腿弹脚之能练习的同时，平日还要增加一些跑砖、跑山的练习，以增加耐力和身体平衡度，以及腿功力量。

练习之前，可选择一段3～5千米的山坡乱石路段，最好是坎坷不平的山岭，来回奔跑。身穿沙衣，腿缚沙绑腿，两手各握哑铃一只，重量自选。

每天凌晨训练，渐渐地增加路程，继而在山路崎岖，陡壁悬崖处奔跑，不间断苦练。若能在凹凸不平之路上，蹿奔如猿猴，此时御去负重，则能翻越山沟乱石之中如履平地，快捷如飞。（图5-231）

至此，陆地飞腾功就算大功告成。

图 5-231

第六章　技击释秘

真正的内家武学是三位一体的。健身是目标之一，也是技击的前提，如果没有健康的身体如何应敌呢？所以，没有健身功效的拳派不是上乘的武学。同时，武技本身也是一种艺术，高超的武功能给观者以美的享受，即传统所称的“击舞相并”。但是，技击更是武学的本质特征，武学必须包含技击，否则就不是武学。

武当流通武学的修炼，不但能达到延年益寿的健身效果，给人一种外观姿态的美感，而且，更会达到高深莫测的技击手段。或许你会问，十二大劲和十八硬功中，没有拳路技法规律，怎能说其中蕴含高深的技法呢？事实上，真正的传统内家武学，是没有套路的，也没有固定的打法招式；其拳路、功法、技击都是一体。内家武学注重在神意的修炼，不主张在招法形式上动脑筋。修炼内家武学者，不但要有高尚的德贤，更重要的是悟性。至此，内家一脉历代传人极少；尤其德才兼备的武学奇才在每一派中的传人内几如凤毛麟角，愚鲁钝拙者多见，为不至失传，所以，就有将技法从中分出者，泛化成多势而僵化的套路，用以适应更多的人学习。如此一来，不但没有得到发扬，反而将内家绝学泛化于俗流之中，失其本真。用固定之套路，招法来传授弟子，各人知质有异，学者有老有少，有强有弱，有智有愚，又怎能以一法应之于万人？如泥守坚持，鼓励谬错，不但有悖于养生之理，同时也与武学活法自然之道背驰矣。

流通门武学以道家阴阳学说为依据而始成法，其中也包含着一种自然规律，即所谓“道法自然”。不论是太极之运转，五行之生克，八卦之变易，其根源都在一个“圆”字上。这里所说的“圆”，包括两个方面的含义，一是内气和内劲的转动，就好像是用内气和内劲凝聚结成的滚珠球体一样，总是在人体之内的上下、左右、前后不断地沿着圆的轨迹进行往来运转；圆的转换也使身体的重心和中心不断地进行了调整，让对方难以捉摸我方之重心的变换，击打我方而无处着手。二是肢体在运动中，无论是出拳出掌还是转身踢腿，都要围绕圆弧来进行运动；圆的运动，自然地产生出一个圆心，成为向前冲击时的重心力点，犹如枪膛射出的子弹，旋转而出，这种螺旋的劲力具备着很大的穿透力和杀伤力。练习者可在练习十二大劲中的手掌转动，臂肌的转动等等，完全可以体验到所说的“圆”的感觉的。

圆的运动还可以生灵去拙，每个人身上都存在天生的僵、滞、呆、板的拙力和笨劲，通过十二大劲的练习，使其行功逐渐化成圆、活、灵、巧的内劲妙力。圆生灵巧，易于变化；圆中之动，敏捷莫测；在攻防技击中有着无穷的妙用。应该提醒习者的是，行步身法要走弧，出手击打或防守时，手法线路要绕弧划圆，即出手如抽丝，发劲成螺旋，劲动如弹簧，刚柔相济。大圆套小圆，浑身无处不是圆。我派在临敌时，主张用神罩住对方（神光笼罩，即眼神是也。），使敌举手无措；迎敌时“贵化不贵抗”，以柔克刚。

上面讲的这些，只是要求习者能够明白一个道理，学武重活法，切莫求死势。有人或许会问，十二大劲和十八硬功，都是固定的功法定势，其技法无规可循，难道我们这不是照样子学的是死法吗？具体的活法又是怎么样的呢？你们问对了，我这里正是给你们讲明这个道理的。举个例子来说，“十二大劲”就像音乐学里面的七个音符，只要你能掌握七个音符的运用，你就会唱出很多首歌曲；如果你只学唱一首歌曲，而不学会识乐谱，那么，你一辈子只能唱一首歌，这就是我所说的死法。技击实战是千变万化的，只学会一招半式的固定招法，而无灵活变化的技法，是算不上拳家的。

古人云：“无师不成道。”学会七个音符后，还得试唱。所以，为了你们在学好十二大劲后，能自由发挥出技法而有规律可循；我今将其技法招式进行演化出来，不过，这也只能说是一种启发之用，让你们能从中得到开导，随着功力的加深而运化出随心所欲的招式来。

十二大劲的技法是包罗万象的，招式的发挥全凭功力深浅与火候的老嫩来决定，全套十二势是融会贯通的，兼以“六合靠”之法形成武技，决不能以死板固泥之心态牵强招法的变化，望读者诸君能勤修参悟。

第一节　技击八字秘诀

技击八字，有内外之分。内八字讲心意活动，外八字讲动作技法。二者内容可合而不可分，运用纯熟后，因时因势而择其招制敌。

一、内八字秘诀

内八字，即惊慌、猛烈、狠毒、神急。主要为心意活动，由内而形之于外，是外八字的内动力。

1.惊慌：此二字是一种战术谋略，与敌交手，首先应在精神上压倒对方。八卦掌中“吻唇闭口舌抵腭，呼吸全从鼻孔入，力用极时哼哈泄，混元一气此为符”。在用法诀中有“哼哈意合吞吐妙，霹雳一声使人惊”。南拳有“呼喝则风云变幻，开拳则山岳崩颓”。发声夺敌精神，散敌心意，使其慌乱；再则可壮我威势，振我精神，助力发劲。形意拳有“雷声”之功，就是当我发声使敌心寒惊慌时，动作就变慢，出手无章之际，我则捷如蛟龙，使敌闪避不及，慌乱而难以自守。所以，吼声先惊其神，使其心慌意乱，乘隙制之。

2.猛烈：“势如猛虎扑羊，快似烈马奔腾。”重点讲述进攻敌人时需勇往直前，奋不顾身，整体合一，快而有力。当敌没来得及摆开架势防守，我方已将其攻翻在地。但出手需以似直非直、似曲非曲，一出即收，疾如闪电，有章有法，不可露出虚空，力需猛，势需烈，桩步要求沉稳，以防敌闪展而扑空。猛烈之势当须直进洪门，不可偏锋而入。

3.狠毒：凡搏斗可以“大慈大悲”，一旦与敌交手，则“心狠手毒，残暴恶劣”。因在殊死搏斗中，其结果势必一胜一负，此时不得不心狠手毒，你不制敌，敌必制你。故技击搏斗时要求：“当场不让步，举手不留情，一狠二毒三要命。”

猛烈与狠毒是同时进行的，猛必狠，烈则毒。当然，不在生死搏斗是不要轻易出手，应培养高尚的武德，济世为宗旨。

4.神急：技击一道，需神妙奇怪，心灵手活，以逸待劳，以静制动，以严待懈，以整待乱，以正化斜，以圆驱正。封闭擒拿，闪展腾挪，不急则不见其效；捭阖攒挫，踢打摔跌，不急则难以应用。力强需借其力以制，势猛需乘其势以还，敌强侧锋入，敌弱洪门进。神急与惊慌可同时合用，同为心理战术而显现于外的表情。

二、外八字秘诀

外八字即封、闭、擒、拿、捭、阖、攒、挫。

外八字的技击法，都是两个字为一组，互为兼用的。其拳理技法的性质、风格、特点的体现，是对本门拳技特点集中和概括。

（一）封闭

封者，与敌动手要善于封敌之门，使其技艺难以施展，然后乘隙以攻，将其击败。此乃“手封其门速即进，见空就打莫留情”。故讲求技击者，不可专注于如何击人，亦当使敌无所用其技。

闭者，使敌无所用其能，还应继续进逼，使其立止不住；如若不然，则易被敌乘机以入，攻我罅隙。

总的来说，“封”为体，“闭”为用。体用相兼，才能达到合理化、技击化，也有将“封闭”二字说成为“封逼”，两者的意思是相同的，重点突出一个“逼”字法。

两个字合起来就成为“封闭”技法，封闭是一种防御的技击手法，与人交手，首先要紧守门户，护住全身要害部位。对方若向我进招，我即封住其手脚使其有力不能发，有招不能施。对方若变招化解我的封势，我即突然发招，好似汹涛惊涌，使彼措手不及。具体运用时，此法强调以静待动，一动即将对方勇猛攻势阻住，并扼杀于萌芽之初。

另一种意思，在本门中有“封其穴，闭其气”的说法。技法动作中为封闭敌手脚，实际应用上则封闭敌气血使其达到死亡僵直的地步。

（二）擒拿

擒者，捉也。典籍中有解释，取义甚切：“禽者，擒也。言鸟力小可擒捉而取之。”拇指与四指相对抓物状曰“擒”，而“擒”本身又分为叼、抓、掳三种主要形式，单手、双手或配以肢体而抓住对方肢体，利用对方关节的生理弱点而制住对方的方法。

拿者，牵引也。拿为制人之法，在“擒”的辅助，拿敌关节、骨缝、筋隙、穴位，两者合在一起更成为“擒拿”技法。

擒拿是一种近身搏斗制敌的技法，其定义是：以至微巧力，擒敌肢体一部，使其关节受制，失却反抗而就擒。甚者，剧痛难忍，筋断骨折。

“擒拿”在本门中是一种独特技法，主要是针对人体四肢关节及头颈要害部位和穴道，基于关节活动功能的局限和弱点，依据逆关节和超限度施制的原理，使用刁、拿、锁、扣、扳、点、缠、切、折、挫、旋、卷、封、闭、捆、别等招法，进行擒伏与解脱，控制与反控制的专门技术，内容系统而完整。

（三）捭阖

捭者，分开也。敌攻击我时，用手或脚分开敌方拳脚，同时有捋推、抖弹、插撤、掤格、援引、提拦、消纳等诸法。

阖者，合拢、拉拢之意也。就是采取反击的方法，当然其种类颇多，拳打脚踢，或掌或肘，或头或肩，或臀或膝，见机而作，灵活运用周身七拳攻击之。

捭阖一字相合，便成一组技法，也有称为“挑揸”或“敲磕”的，其大意都是一样，重点应用时，主要以先防守后反击。重点体现内家拳法的“后发制人”。

“捭阖”技法在临阵应用时，有内捭、外捭之分；然而，“捭阖”二字在搏击时可合而不可分，一旦分开运用，便很难达到理想的护身制敌的目的。先捭而后阖，才能应和拳理，也就是采用先守后攻，敌先攻出为实，攻出后则虚而无备，易为我攻。再者，一旦遇敌，我则守而不动，待敌动，我则动，也可诱敌而动，也可迫使敌动；我则后发制人，后发者多可乘虚而攻，或借力而行，既可加大我力，亦可造成敌方动作过大或疏漏而为我用。

（四）攒挫

攒者，抓拧扭也。不论是攻、或防，一旦抓住敌身任何部位，都进行拧扭回拉、捋推、拖抛，进行左右前后上下推搡，使敌重心难以固定，或被伤折；它与单纯的叼、抓是不完全相同。

挫者，折伤也。与“错”相近者是辅其攒扭折伤敌方骨关节；与“剁”相近者为攒住敌人从上向下击压，二者都是同一个意思。也有称此为“斩舵”。

攒挫相合则成“攒挫”技法。大体上与“擒拿”有相近的含义，只是“攒挫”之法更为残狠毒辣，是分筋错骨的重要技法之一。不论“攒”住敌任何敌方，都会使其受伤，加上“挫”法更具威力。但是，“攒挫”之术在运用时，必须要有深厚的功力，高明的技术才能显现其技，特别是“攒”法，指力和爪功要求是非常高的，速度宜快，劲力须暴猛，有“攒”无“挫”，等于制敌不死而遭反制，读者应特别留意。

第二节 五峰六肘

在武林界中，流传有九峰，“峰”者，乃高凸之意也，凡居人体之高者皆名曰峰。

九峰包括鼻为中峰，肘为侧峰，臀为后峰，肩为上峰，齿为前峰，膝为下峰，足为底峰，加上拳峰、指峰，合称九峰。而流通门称呼最秘者为五峰（锋）。因为鼻峰无攻击能力，齿峰无多攻击用途，故将此二峰化为头峰；足峰、拳峰、指峰多为众人普遍掌握。所以，流通门便将头、肩、肘、臀、膝称之为五峰。

五峰中已有肘峰，而又何以说“六肘”呢？因在五峰中的肘峰，位居人体上肢，为最灵活的部分，相对来说，肘峰的应用更为丰富多彩，这即是在五峰中单独强调肘峰的原因。其六肘，即顶、起、落、盘、后、摆。

一、五峰

（一）头峰

【歌诀】

头打落意随足走，起而未起占中央。

脚踏中门夺他位，就是神仙也难防。

头为一身之首，武林中公认乃技击之第一要害，人人均把击打对方头部作为重要的技击手段。从辩证的角度来看，有击头之法便有护头之术。武林中有“虎抱头”一势，其实就是“护抱头”。“护抱头”的方法很多，诸如以身形前后左右闪、赚、缩、展，以肘、拳格、架、裹、拦，尽为护头之法。这些技法融手、眼、身、步为一体，不仅能有效地防护头部免遭打击，而且能演化出一系列的巧妙的防守攻击。

运用头峰前、后、左、右，撞、顶、碰、靠、磕诸法制敌。

练法以两手做防护，挑开敌手后，低头撞敌面部及胸部。（图6-1、图6-2）

（二）肩峰

【歌诀】

肩打一阴反一阳，两手只在洞中藏。

上打鼻梁下攻裆，左右两肋中胸膛。

肩峰，在武术搏击时，从表面而观很少见用，然而，肩峰击人非一般平庸之辈能运用灵活，体现出其独特风格。肩峰之技在实际运用中，多在摔法中出现，其实是贴身靠打近战之法，前靠以抖肩撞劲发人，人与人相贴身时，先抖发劲者胜，后则败之。

练法以进步脚封敌腿，发肩靠撞击敌。（图6–3、图6–4）

图 6–1

图 6–2

图 6-3

图 6-4

（三）肘峰

【歌诀】

肘打前后左右便，身活肘转须自然。

顶挑起落盘腰间，裹挑之中肘相连。

肘峰，手臂之中节。立体环绕，伸臂屈肘，久习之灵活自如。臂屈肘锋裸，尖利无比，常以凶猛、刁滑、狠毒异常，让众多搏击者谈肘色变，并有宁挨十手，不挨一肘之说；又曰："远用手，近用肘，挨身施用肩膀头。"肘可下砸、上挑、左拨、右拦，击来之腿手，身位，切需用肘近身疾速、果断，不可远施狂吐，否则为人长器拳脚所阻受击。拳谚曰："两肘不离肋，两手不离心，出洞入静紧随身。"

练法多以顶肘迎击或主攻攻击敌人。（图6–5、图6–6）

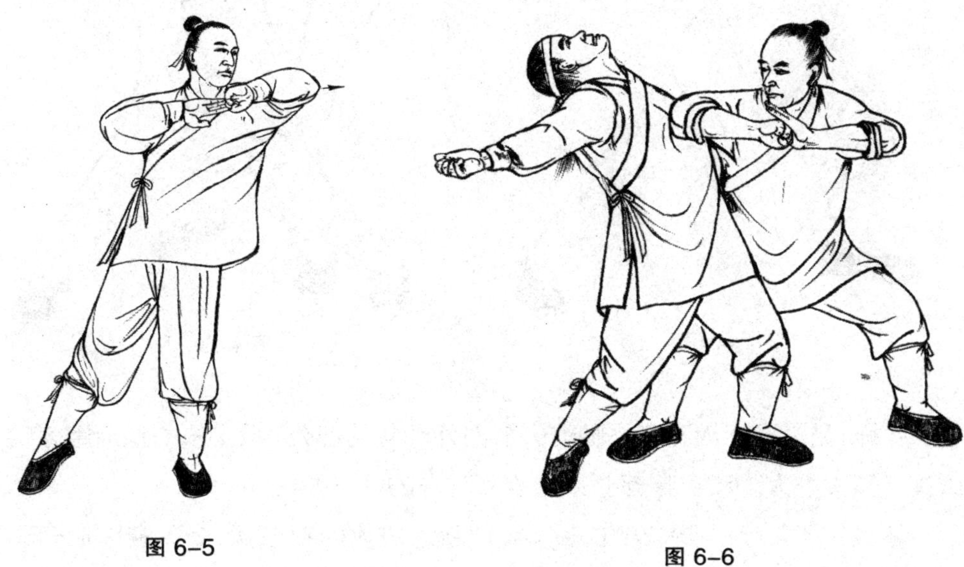

图 6–5　　图 6–6

（四）臀峰

【歌诀】

臀打中节并相连，阴阳相合得之难。

外胯好似鱼打挺，里胯藏步变势环。

臀胯系下盘之重镇，最要与肩相应，形成一片，肩往左，则臀摆左，肩向右，则臀随右；在实战格斗中一般看似多不常见，招法也少，只有臀打、臀坐之法，二者均在与对手贴身转体而用。凡贴身缠斗时，都可用臀胯以击或摔。凡被臀胯所击者均跌出或摔倒。拳谚曰："转身使臀峰，贴身用胯攻。"

臀部的特点是肉厚，力大而劲猛。

练法多以进步转身时发臀（胯），贴身发臀（胯）靠击敌人。（图6–7、图6–8）

（五）膝峰

【歌诀】

膝打几处人不明，好似下山猛虎精。

活身展肘不停势，左右分拨任意行。

图 6–7　　　　图 6–8

膝峰，是指连接大腿和小腿的关节向外凸起的部分。膝击法则是指用膝尖或接近膝尖的大腿和小腿部分来进攻和防守的搏击技法。

膝虽然不如手、脚进攻防守灵活，但膝之进攻凶狠迅猛，令人难以招架和防范，武术界中称之为“短腿”，搏击攻防有其独到之处。尤其在近身搏击中，出人意料的膝击，往往一举挫败强敌。拳诀曰：“远用脚踢，近加肘膝。”所以，膝与肘同属短手打法，可防可攻。

膝法有顶、撞、横、摆、冲、抬、压、跪、飞顶、连环撞等多种用法。运用膝法时，要求身、腰、步的协调配合，做到动作短促迅猛，劲力充实有寸劲；同时，注意将膝法与其他技法综合运用，以便更好地发挥膝法的独特威力。

常用膝法多以顶撞为多。（图6–9、图6–10）

二、六肘

所谓六肘，也只是对整个肘法的大致归纳，实际应用时，肘法内容更为丰富，出肘的方位、角度、距离均可随机掌握，传统有“三十六肘”，也就是在“六肘”的基础上演化出来的。

（一）顶肘

顶肘是力量最大、运用最广的肘法，作用距离也较远，缺点是预动性较大，易于被人防范。它分为左右平顶肘，上顶肘，左右下顶肘。

图 6-9　　　　图 6-10

【练法】

1.从起手势开始,左脚前移步成弓步,并以左肘尖向前顶击,右掌于胸前抵住左拳,右脚蹬力,送腰发力。(图6-11)

图 6-11

2.接着,右脚向前一步成右弓步,并以右肘尖向前顶击,左掌于胸前抵住右拳,左脚蹬力,送腰发力。(图6-12)

然后,收脚还原势,再进行左右顶肘的练习,以下几种肘法与此相同。

（二）起肘

起肘主要用来攻击对方的下颌，一般情况虽然不常使用，但出肘快，力量猛，攻击力量强，隐蔽性较好，没有预动，可配合进身使用，同侧或异侧在前均可。不过攻击一旦落空，则肋部空虚，易受人反击，应注意回防。

【练法】

1.从起手势开始，左脚向前上半步成左弓步；同时，左拳屈臂用肘尖由下向前上挑击，右拳屈肘护胸。（图6-13）

图 6-12

图 6-13

2. 右脚向前上步，成右弓步；同时，左肘下收，右肘向前上挑击，左拳屈肘护于胸前。（图6-14）

图 6-14

（三）落肘

落肘，又名沉肘，也称砸肘。此肘法不单独使用，往往紧跟在起肘或膝法之后使用，也是在处于被动不利情况下反败为胜的肘法。它动作小，下砸狠，威力极大，一般用来攻击对方后背或颈部。

【练法】

1.从起手势开始，左脚前移半步，屈膝蹲成左弓步，左臂屈肘握拳，前臂与上臂之间夹角小于90°，上臂高抬，拳举在头部左侧，上体前俯，由上向下沿直线砸肘。（图6-15）

图 6-15

2.接着，右腿屈膝下蹲跪，脚跟踮起；同时，右拳屈臂用肘尖由上向下砸，左拳屈肘护胸。（图6-16）

图 6-16

（四）盘肘

盘肘也名横肘，为一横向性肘法。此肘法比较凶猛，对敌方头、胸部有较大杀伤力，一般在处于被动的情况下使用，往往能出奇制胜。

【练法】

1.从起手势开始，左脚前移步成左弓步；同时，左拳屈臂用肘尖由下经左上向前横扫出，高与肩平，右拳变掌护于左腕内侧。（图6–17）

2.接着，上体左旋，右臂屈肘向前横扫出，高与头平，左掌按住右掌背。（图6–18）

图 6–17

图 6–18

（五）后肘

后肘是防守反击的一种肘法，也称靠肘，这是一种直线型肘击法，运用身体的卸劲，攻敌腹、肋部位，势短力刚，爆发力很强，适于近战。

【练法】

1.从起手势开始，身体向左后转。同时，左手屈臂抬起用肘尖向后击出。右掌抵住左拳面助力。（图6–19）

2.身体向右转；同时，右臂屈肘向右侧后方击出，左掌抵住右拳面助力。（图6–20）

图 6–19

（六）摆肘

摆肘为向后的横向性肘法，身体右转；同时，抬起右肘向后弧形横摆，其法是与盘肘相反方法的一种打击法，该肘法配合倒步使用能起到意想不到的效果，也是一种防守反击之法。

【练法】

1.从起手势开始，身体向后转；同时，左手屈臂抬起用肘尖由下经左上向后扫出。右掌抵住左拳面助力。（图6–21）

2.身体向右后转；同时，右手屈臂用肘尖右前经右上向后扫出。左掌抵住右拳面助力。（图6–22）

图 6–20

图 6–21

图 6–22

第三节　十二大劲技法演化

【总诀】

流通功技妙无穷，开门亮势鬼神惊。
悟得其中真妙谛，变化莫测精华显。
手眼身步随机变，十二势法并相连。
神光笼罩夺敌胆，螺旋运势手法成。
划手拨敌攻来器，砍插斫击随身进。
两臂活动如软鞭，抽打脆弱不容情。
顺气功戳正当心，分臂压格左右行。
擒拿锁骨是妙法，连环手法变不尽。
托天换斗旋臂裹，扑面掌下抓敌脸。
贴身靠近肘捶抡，击中腋肋皆致命。
三盘落地壮腿劲，旋腕划指乃摘阴。
起落蹲裆藏暗腿，膝打之处人不明。
虎卧劲法摔跌备，臀尾全凭灵气精。
聚力发威如炮响，山河变色风云滚。
一字劲横拦路虎，沾衣即跌不见形。
翻云手法雁翅抖，左右上步任方便。
提锁磤技顺手牵，臂夹抖力断敌颈。
侧身闪转不停势，抖捶迎上打双眼。
克蟆劲练为壮身，咋与技法不沾边；
谁知伸曲蕴玄机，脱化变势去无影。
牛尾劲打在膻中，后手撩尾绵里针；
上下三盘致命处，打喉击裆着法灵。
锁喉劲破双抓肩，弓步拥身脑荡顶；
正面被抱难脱身，屈臂上托胸前挺。
鹰爪劲势如弯弓，左右分肘不能停；
进退灵活取定势，进身直踏敌洪门。
铁船过海下地行，地趟妙技由此源；
滚堂脚法灵活变，制敌只在一瞬间。

全套紧并六合靠，拳腿身步切莫分；

武技演化顺自然，包罗万象功入境。

【演化说明】

第一势　划手劲技法演化

在功法中的练习时，左右手一上一下，一阴一阳，交替抽划，练出两手的脆快之劲。用于技击实战时，就凭这一上一下的交替动作，防守和进攻敌方。上手可格拨敌从上、中盘攻来之拳腿，下划之手可防敌从下盘攻来之拳腿。同时，可顺势发出任何一手抽、斫、缠、砍敌的薄弱要害部位，达到一出手就制敌的效果。当然，身步要进退灵活，切莫固泥在练功时的架势上不变。

（一）防拳法

1.临阵对敌时，敌方用左拳直击我方面部。我方收步，抬起右掌拍格敌左腕、臂外侧。（图6-23）

图 6-23

2.接着，我方左脚向敌裆前进步，左掌伸臂前划，直击对方左肋。（图6-24）如敌出右拳，我则用左手格，方法一样，唯动作相反。

（二）防腿法

1.临阵对敌时，敌方右腿弹击我方裆或腹部。我方立即左扭身，右手下划击其脚踝关节部。（图6-25）

图 6-24

图 6-25

2.随即前移左步；左手划击敌裆部。（图6-26）

如果敌方出左腿，我方反击动作反之。只要敌方出中低腿法，我方均可用此法御敌。

（三）闪法

1.临阵对敌时，敌方进步，右冲拳击打我方面部。我方立即收左步，右旋上体偏移，闪避开敌拳。（图6-27）

图 6–26

图 6–27

2.左回旋体，左手划击敌颈部。（图6–28）

闪的方法较多，也就是闪其来势懈其力，当敌方旧力略过，新力未生之际，我方双臂如软鞭，用掌棱抽击敌颈、面部、后脑、胁部及裆部，视其顺势时而定所击部位。

图 6-28

（四）擒拿法

1.临阵对敌时，敌方出右拳打我中盘。我方侧身，用左手划格住其右腕内侧。（图6-29）

图 6-29

2.格住其右腕之际，我方左手迅疾前穿绕，从敌左腋下直上后肩，右脚从后向左插步，右旋身；同时，左肘、臂、掌用力下压前推，右手助势向左推其臂，将敌右臂反别而制住。（图6-30）

敌若出左拳，我方用法一样，唯动作相反。

以上介绍的四例，只是其演化招法之万一。具体的应用，还得视临阵搏击时，敌方所发起攻击的招法而灵活应变之。

图 6-30

第二势 顺气功技法演化

顺气功的技法演化，多适于守势。在守的前提下，可变化出多种多样的擒拿招数。守法全在两臂左右分展之势，及屈臂挽扣提拳动作；击法重在前插掌之法。如果结合六合靠及其他几势的用法，可化生出很多招法。

（一）破双手锁喉法

1.临阵对敌时，敌方双手击我方咽喉。我方双手屈臂上提，将敌双臂格住。（图6-31）。

图 6-31

2.接着，两臂外绷劲，内转拳变掌，猛抖臂向前直插敌胸膛。（图6-32）

这种方法还可破解敌双手抓肩，双峰贯耳等双手齐出的招法。提拳、臂要用抖绷劲，前插掌可视情况而定，可击咽喉或膻中、鸠尾等死穴。

（二）缠颈制敌法

1.临阵对敌时，敌方进左步，用左拳击打我面部。我方左手拍

图 6-32

敌左腕外侧。（图6-33）

2.接着，右脚上步于敌臂后；同时，右手前穿，从敌左臂上方击戳敌面部。再顺敌仰面避闪之势，右臂旋劲大幅度向右后展开。（图6-34）

3.挽臂收夹，将敌头颈紧紧控制于右腋下。若抖劲易将敌颈骨扭折。（图6-35）

图 6-33

图 6-34

图 6-35

（三）擒臂法

1.临阵对敌时，敌方进右步，右拳击打我面部。我上扬右臂反划格敌右腕外侧。（图6-36）

2.右掌屈指扣抓住敌腕向右拉拽；同时，左前臂猛推其肘关节。（图6-37）

3.接着，右转体，左肘压住其后肩向右侧前旋推，别住其右臂，将其擒制。（图6-38）

图 6–36

图 6–37

图 6–38

这一种技法，可发挥出多种制敌术；在一格敌臂的同时，可前滑掌击敌面部，或标掌戳其咽喉；绕臂夹敌臂的同时，也可穿掌击敌极泉、期门、章门诸穴；用拳凸钻顶其腋可卸敌肩关节。具体使用时，应视情而定。

（四）防腿法

1.临阵对敌时，敌方进步，左鞭腿踢击我方头部。我方前弓左膝，右臂屈肘上架并向右外划，将敌脚下压缠抱住。（图6–39）

图 6–39

2.右脚垫步，左脚上步绊于敌右脚后侧，左肘猛撞敌膝关节内侧。（图6–40）

3.动作不停，我方进右步前拥身，右拳上钻敌胸，使其上下同时受创而翻仰跌地。（图6–41）

敌若用右腿，我方用法一样，唯动作相反。

图 6–40

图 6-41

第三势 托天换斗技法演化

托天换斗一势重在旋臂一法，旋臂为化势，抬肘即为反击之法。上托掌、下按掌之势，如运用得当，照样能产生制敌之效果。技击中，两手应穿插配合，灵活运用。

（一）按扑掌

1.临阵对敌时，敌方进右步，右拳击打我方头面部。我方抬左臂内旋格化敌右臂外侧。（图6-42）

图 6-42

2.在旋臂的同时并下压敌臂，随之，右掌向前扑按敌面部。（图6–43）

此法借上托掌后的下按掌之势而演化的。

图 6–43

（二）旋臂肘

1.临阵对敌时，敌进身，用右鞭拳或勾拳攻击我上盘。我方速抬右臂内旋弹格。（图6–44）

图 6–44

2.将敌臂挡开的同时，右脚踏进敌方洪门，右肘直撞敌左肋。（图6-45）

此法由抬肘旋臂之势演化而来，在功法中，旋裹臂与抬肘是一种连贯之势，借用此法于技击中，速度快，命中率高。

图 6-45

(三)提手

1.临阵对敌时，敌方进步，右冲拳击打我方。我方速扭步沉身避过。（图6-46）

图 6-46

2.避过敌拳之际，迅速起身右拳上提成钻拳，直击敌胸及咽喉部位。（图6–47）

此法乃借下按掌之势，随即挽拳提起，这一方法，左右手均可适机而用。

图 6–47

第四势 虎卧劲技法演化

虎卧劲一势重在防守后反击，如主动击敌是不成的。技击全在一伸一躬之中，攻击杀器全在臀尾，是为摔法之圭臬。

(一)转身臀

1.临阵对敌时，敌方进左步，左摆拳击打我头部。我方速撤身下蹲避敌左拳。（图6–48）

2.接着，左转体与敌成背对之势；同时，摆跨左脚一步，猛躬身撅臀，撞击敌臀或胯，使其突受猛击而前仆。（图6–49）

必要时，可运用六合靠的腿法，侧身踩踹敌膝弯，或后撩脚击敌裆。

(二)摔法

1.敌从我身后将我方拦腰抱住。（图6–50）

2.我方可猛上抬臂崩开敌双手，随之反手捞住敌颈，猛躬身，臀部撅敌裆腹成大背摔，将敌向前摔挞于地。（图6–51）

还可以用下躬身，双手向下捞抓敌脚后跟，臀坐法将敌抵跌于地。只要知道其用法的含义后，你们就会自由发挥。

图 6-48

图 6-49

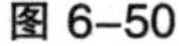

图 6-50

图 6-51

第五势 三盘落地劲技法演化

三盘落地劲除旋腕划指击敌裆部的技法外，全是以暗腿、膝法为主。从表面而观并不能体现出技法，如久练生熟，结合六合靠法后，就会有一种自然的条件反射，与敌交手时自然发挥出来了。

（一）摘阴法

1.临阵对敌，敌方进右步，右冲拳击打胸部。我方右手前伸成反划势，格敌右腕外侧并向右外化。（图6-52）

2.接着，左进步，左掌下伸打击或抓击敌裆部。（图6-53）

用右手摘阴时，动作则反之，这是进击的方法。若反击时使用，多在被敌从背后抱住时，两臂不能动弹之际，全凭旋腕之劲指尖打敌睾丸而解之。

图 6-52

图 6-53

（二）膝跪法

1.临阵对敌时，敌方进左步，左冲拳击打我方面部。我方速左旋身，右拍掌推开敌左拳的攻击。（图6-54）

2.接着，右脚上步于敌左脚后侧，右膝跪击敌左膝弯；同时，左手抓住敌左腕，右肘压住其左肩，将敌制住。（图6-55）

然后可提膝打敌臀尾。

图 6-54

在对敌中，以顺势而行膝跪之法，可跪敌脚背、前胫，左右施行随机而作，亦需反复体验之。

图 6-55

第六势 一字劲技法演化

一字劲技法全在于两臂之上，左右拦格，上下撬压，进行对敌攻击手的封阻，以及将敌上体旋压摔跌。必要时可结合“顺气功”的展臂动作。

(一)内割拦

1.临阵对敌时，敌方前进右步，右冲拳击打我方面部。我方略缩步，上翻左手划格敌腕内侧。(图6-56)

2.接着，左掌外划旋推；同时，右脚向敌右脚后侧上步，右臂前伸旋劲抖击敌胸，左转劲右臂内割，将敌击翻。(图6-57)

此法乃借攻势中的右勾手下压触左足的姿势含义演化的，在左右取势时，应在临敌时的具体情况而定。

图 6-56

图 6-57

（二）外展臂

1.临阵对敌时，敌方前进右步，右冲拳直击我方面部。我方立即收左脚、下屈体避开敌拳。（图6-58）

2.接着，左脚向敌身后上一步，左臂上挥虚惊敌方；同时，前拥身臂下压，用臂、腋靠敌；在敌突然下盘被封闭失去重心的瞬间，左臂外旋展，将敌摔翻。（图6-59）

图 6-58

图 6–59

此法乃取功法中的平展臂旋腕之势，运用时希望能审时度势而取左右之击法。

（三）旋摔

1.临阵对敌时，敌方右进步，右冲拳向我方面部击来。我方左脚收步，同时，右手前伸反划抓敌右腕外侧。（图6–60）

图 6–60

2.右手扣指抓腕向右后猛旋拉；同时，左脚前移步于敌右脚内侧，左臂猛向敌右上臂砸压，将其臂夹于我左腋下，猛抖劲右旋，将敌摔跌。（图6-61）

此法乃取攻势中的展臂动作和勾手下压动作组合而成，左右取势见机而行。

第七势 提锁礅技法演化

图 6-61

提锁礅用于技击之中，乃顺势牵拉之回旋法击敌。不论是拉其手或拉其脚，都是在敌回挣力时，松开手用拳前击。同时，也有用臂夹抱敌颈之法；敌缠抱我身时，借旋拳砸击丹田的方法击敌头部可解。

（一）抬臂肘

1.临阵对敌时，敌方前进右步于我方裆前，用右拳击我方面部。我方立即左脚前滑，下蹲身成左仆步避过敌拳；同时，左手下伸于敌右小腿内侧。（图6-62）

图 6-62

2.左手捞手抱住敌右足跟，右掌向前上划；同时，右脚收步起身将敌右腿提起。（图6–63）

3.敌方独腿支撑而失平衡之际，必然前伸双手抓我方。此时，我左手松脱敌腿，抬左臂用肘撞敌胸、咽喉或面部。（图6–64）

此法乃是借下挽指握拳上提，抬臂继落拳砸劲之前的一段方法，具体应用时可主动进攻，也可在守势中应用，左右进法应伺机而行。

图 6–63

图 6–64

（二）提拳

1.临阵对敌时，当对方进右步，右冲拳击打我方面部。我方立即后撤左脚一步，右手反划拍格于敌右腕臂外侧。（图6–65）

2.接着，旋腕扣指抓住敌右拳，随右脚后撤步之势，右手猛下拉并向后旋力，左肘助力靠击敌右臂外侧。（图6–66）

图 6–65

图 6–66

3.在敌挣力后拉时，我方松握右手，起身右勾拳提击敌下颌及咽喉。（图6–67）

此法乃借用了功法的托掌下压划拉及提拳的一连串动作。左右势用法应相机而作，纯发于自然。

图 6–67

第八势 蝌蟆劲技法演化

蚪蟆劲重在练习两臂及掌指、腰部等的劲力，从表面而观，没有技击之法。而实际内含脱化之势，在用于被敌突发按仆压于背上或骑坐时的解脱时是非常理想的。虽然技击招法不多，但作为其他几势的擒、打、抓、拿辅助还是有很大的作用的。

脱化：

1.临阵对敌时，敌方猛进右脚一步前弓，左摆拳击打我方右侧头部。我方左旋身、前仆地俯卧避开敌摆拳的攻击。（图6–68）

图 6–68

2.接着，右脚猛力蹬击敌裆部。（图6–69）

在时机允许的情况下，我方乘敌攻上盘时，前俯冲成钻裆势，翻身向后蹬击敌裆，用好了可以一招制敌。

图 6–69

第九势 牛尾劲技法演化

牛尾劲技法的演示，重在两拳的上勾和下甩摆。屈臂上勾可攻可防，下甩摆臂可打可拦摔。两拳交替而行，随机应变，身步灵活，手法和步法最好能结合六合靠运用。

（一）击裆

1.临阵对敌时，敌方进右步左冲拳击打我面部。我方左脚收步，同时，右挑臂内格敌左臂外侧，并向前推移。（图6–70）

2.接着，我方右脚上前一步，左旋体，右拳下划弧甩击敌裆部。（图6–71）

此法为立臂勾拳继下甩摆拳动作而运化为技击，击裆手有如牛尾鞭击一般，必要时可再上翻手成勾拳，彻底击毙敌人。

（二）击颌

1.临阵对敌时，敌方右脚上步于我方裆前时，右直拳击打我面部。我方后

撤右步，立起右臂格开敌右拳。（图6–72）

图 6–71

图 6–72

2.接着，右手挽指抓住敌右臂猛向后旋转；同时，左拳上提撞击敌下颌。（图6–73）

此法乃借攻势时的两手变换的瞬间动作来完成技击制敌的。

图 6-73

（三）拦摔

1.临阵对敌时，敌方右进步，用右冲拳击打我方面部。我方立即左臂屈肘上挑，格于敌右腕臂内侧。（图6-74）

2.在格化住敌右臂后，随即拥身滑臂，左脚向敌臀后上步，左臂猛向左后旋压力靠压敌胸腹，使其失去重心而摔跌。（图6-75）

此法乃与例一的击裆法有相同之处，只是所击部位不同。

图 6-74

图 6–75

第十势　锁喉劲技法演化

锁喉劲在技法演示中，多为解脱之用。同时，也是武技运用中较为独特的头打之法，一旦将此法用活后，一上势便会将敌打伤。

（一）头打

1.临阵对敌时，敌方上右步，用双峰贯耳击打我头部。我方迅速双臂屈肘上提格住敌两前臂内侧。（图6–76）

图 6–76

2.接着,左右臂猛分压敌两臂;同时,前拥身低头撞击敌胸膛。(图6-77)

此法也可破解敌双手锁喉法、抓肩等动作。不用头撞时,也可借提拳分崩前砸拳打敌胸。

图 6-77

(二)提拳

1.敌从正面用双手箍抱住我双臂及腰部。(图6-78)

2.我方立即前拥身,双拳上提崩劲击打敌下颌,解开敌的箍抱。(图6-79)

图 6-78　　图 6-79

如破解敌后抱腰时，一个前提拳抬肘分开敌手的同时，双拳可向下后划击敌裆腹部而解之。具体实战运用时，可随机而变，不可固泥于某法。

第十一势　鹰爪劲技法演化

鹰爪劲在技法演示上，除破解敌后抱腰扳折敌手指、抠敌手背致伤敌人外，就是两肘的分崩动作，借沉身之势肘击敌腹肋。

分肘法：

1.临阵对敌时，敌方进右步，左冲拳击打我方面部。我方下沉身闪躲，左步滑进于敌右脚外后侧，同时左肘击敌腹部。（图6-80）

图 6-80

2. 动作不停。束身抖劲，两肘再度分崩将敌撞翻。（图6-81）

此法如配合灵活的步法，可变化出多种多样的肘击术。如：两爪于腹前的撕拉，可用于敌缠身时；抓住敌头部扭扯，可重创敌方。

图 6-81

第十二势　铁船过海技法演化

铁船过海全在地趟腿法的运用，不论是主动倒地或是被动倒地，紧接而出的便是制敌腿法。

（一）击腹

1.临阵对敌时，敌方猛进右脚一步，用右拳打来。我方屈跪左膝，上体下屈，左手下落按地，身体卧地避敌拳击；同时，我方右腿顺势上蹬敌小腹。（图

6–82）

2.敌方前拥身受我腿阻截，尚未来得及撤身。我方迅疾右翻身发出左腿踢击敌裆部。（图6–83）

图 6–82

图 6–83

（二）蹬膝

1.临阵对敌时，敌方进左步，右腿踹击我胸或腹部。我方右倒身卧地，避过敌腿。（图6–84）

图 6-84

2.在我方刚避开敌腿的同时，左脚蹬击敌左膝关节，使敌失去重心跌出。（图6-85）

从以上两法中可以看出，地趟脚的变化是千变万化的，希望学者能从中得到一定的启示而举一反三。

图 6-85

第十三势　六合靠技法演化

六合靠的整套动作都是在为十二大劲的技法演示服务的。每一势的技法运化，都离不开六合靠的身法和步法。几乎在每势中都有着六合靠的影子，唯有一法没有表现出来，在此就将其提出作解说，希望学者在训练中完善流通门技击中腿技。

（一）阻击

临阵对敌时，敌方右进步右冲拳向我方击打而来。我方后仰身，抬起左脚踹击敌腹肋。（图6-86）

此种腿法，左右均可，如敌势较猛时，我方可后跳步发腿，借敌方的冲力打伤对方。

图 6-86

（二）闪击

临阵对敌时，敌方冲身攻击我方攻击。我方见敌势猛，迅疾右脚向右侧方闪步；同时，提起左脚踹击敌腰部。（图6-87）

图 6-87

左右闪步的方向应视敌攻击姿势而定，最好能闪到敌后侧发腿击打，效果比较理想，具体应用时，切望能随机应变，灵活发挥。

第四节　十二打穴手

十二打穴手，就是十二种招数，专门针对敌方要害出手攻击的方法。其变化比较灵活，只有师传方能掌握，自领自悟是达不到应其效果的。这里只是简略地作介绍，详细之法，可见《武当流通门点穴秘谱》一书。

【天罡穴法歌诀】

武林穴法自古秘，传抄流转错讹偏。
悉知死穴在何处，人身经络仔细寻。
道家天罡三十六，堪破玄机刻心间。
子午流注明道理，灵龟八法时辰分。
致命穴位六六定，阴阳爕理机其变。
数术妙法多精邃，流通真谱传与君。
头乃六阳诸首领，重击震髓皆要命。
一指取效八卦位，百会神庭印堂连。
人中耳门太阳穴，脑后风池并哑门。
颈部咽喉夹人迎，前胸四穴要认真。
膻中穴下连鸠尾，两旁乳中膺窗平。
脘腹胁肋共五行，巨阙商曲期章京。
小腹聚精要穴六，神阙气海元宫轮。
中极曲骨腹结跟，督脉一线需留神。
灵台命门尾闾并，下寻直进海底源。
腧穴有四仔细听，肺肾厥阴气海并。
臀部两旁乃环跳，志室穴连两腰肾。
涌泉穴注两足心，记之纯熟千万遍。
只学穴法不练技，徒费心机枉费神。
移身换影圆中圆，多习一技不压身。
死手活法皆需研，岐黄之术出圣人。
武技首当德为先，济世活人留美名。

天罡穴图。（图6-88、图6-89）

【十二手名目】

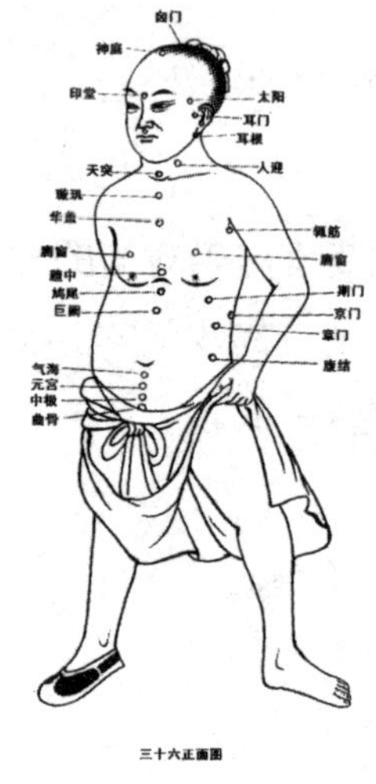

三十六正面图

图 6-88

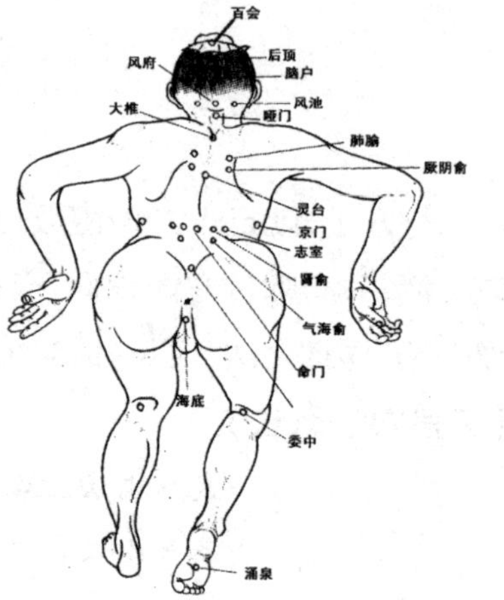

三十六穴背面图

图 6-89

1.吹灯摘桃：针对穴位为，囟门、印堂、人中、咽喉；曲骨、中极、神阙。

2.白猿洗脸：针对穴位为，囟门、神庭、双目。

3.白蛇吐信：针对穴位为，廉泉、天突、膻中。

4.丹凤朝阳：针对穴位为，太阳、耳门、听宫、风池、脑后。

5.叶底藏花：针对穴位为，章门、期门、鸠尾。

6.百步穿杨：针对穴位为，腹结、京门，志室。

7.惊涛拍岸：针对穴位为，海底、曲骨、中极。

8.斗转星移：针对穴位为，尾闾、命门、肾俞、灵台、哑门。

9.梅开五度：膺窗、华盖、乳根、膻中、鸠尾。

10.移身幻影：玉枕、风府、哑门、肺俞、风池。

11.无常叫门：膻中、鸠尾、乳根。

12.关门送客：人迎、天鼎、期门、乳根。